COMBINACIONES CON EL TAROT

LA TABLA DE ESMERALDA

DOROTHY KELLY

COMBINACIONES CON EL TAROT

Una guía fundamental para el estudio
e interpretación de los arcanos del Tarot

www.edaf.net
MADRID -MÉXICO - BUENOS AIRES - SANTIAGO
2025

Título del original: TAROT CARD COMBINATIONS

© De la traducción: Guillermo Solana
© 1995. Dorothy Kelly.
© 1997. De esta edición, Editorial EDAF, S.L.U., para la edición en español por acuerdo con Samuel Weiser, Inc., York Beach, Maine (USA).

Editorial EDAF, S. L. U.
Jorge Juan, 68. 28009 Madrid
http://www.edaf.net
edaf@edaf.net

Algaba Ediciones, S.A. de C.V.
Calle, 21, Poniente 3323, entre la 33 Sur y la 35 Sur, Colonia Belisario Domínguez
Puebla, 72180, México.
Tfno.: 52 22 22 11 13 87
jaime.breton@edaf.com.mx

Edaf del Plata, S. A.
Chile, 2222
1227 - Buenos Aires, Argentina
edafdelplata@gmail.com
fernando.barredo@edaf.com.mx
Teléfonos: +54 11 4308 5222 / +54 11 6784 9516

Edaf Chile, S.A.
Huérfanos, 1179, Oficina 501
Santiago - Chile
comercialedafchile@edafchile.net
Teléfonos: +56 9 4468 0539 / +56 9 4468 0537

Queda prohibida, salvo excepción prevista en la ley, cualquier forma de reproducción, distribución, comunicación pública y transformación de esta obra sin contar con la autorización de los titulares de propiedad intelectual. La infracción de los derechos mencionados puede ser constitutiva de delito contra la propiedad intelectual (art. 270 y siguientes del Código Penal). El Centro Español de Derechos Reprográficos (CEDRO) vela por el respeto de los citados derechos.

24.ª edición, mayo 2025

Depósito legal: SE-2728-2010
ISBN: 978-84-414-0272-0

Papel 100% procedente de bosques gestionados con criterios de sostenibilidad

PRINTED IN SPAIN   IMPRESO EN ESPAÑA

Impreso por Cofas, S. A.

Dedico este libro con amor
a mis hijos Jason y Gavin.

El camino de la vida no es siempre claro. A veces necesitará orientaciones en las encrucijadas, y cuando la vía esté en tinieblas, una luz por delante le mostrará siempre la ruta.

Índice

	Págs.
AGRADECIMIENTO	13
PRÓLOGO	15
PRIMERA PARTE: **Introducción**	17
SEGUNDA PARTE: **Los Arcanos Mayores**	35
Definiciones básicas	36
El Mago	36
La Sacerdotisa	36
La Emperatriz	38
El Emperador	38
El Sumo Sacerdote	40
Los Enamorados	40
El Carro	42
La Fuerza	42
El Ermitaño	44
La Rueda de la Fortuna	44
La Justicia	46
El Colgado	46
La Muerte	48
La Templanza	48
El Diablo	50
La Torre	50
La Estrella	52

Págs.

La Luna	52
El Sol	54
El Juicio	54
El Mundo	56
El Loco	56
Combinaciones de los Arcanos Mayores	58

TERCERA PARTE: **Los Arcanos Menores** 101

Bastos	102
Rey de Bastos	102
Reina de Bastos	102
Caballo de Bastos	104
Sota de Bastos	104
As de Bastos	106
Dos de Bastos	106
Tres de Bastos	108
Cuatro de Bastos	108
Cinco de Bastos	110
Seis de Bastos	110
Siete de Bastos	112
Ocho de Bastos	112
Nueve de Bastos	114
Diez de Bastos	114
Combinaciones de Bastos	116
Copas	156
Rey de Copas	156
Reina de Copas	156
Caballo de Copas	158
Sota de Copas	158
As de Copas	160
Dos de Copas	160
Tres de Copas	162
Cuatro de Copas	162
Cinco de Copas	164
Seis de Copas	164
Siete de Copas	166

Págs.

- Ocho de Copas 166
- Nueve de Copas 168
- Diez de Copas 168
- Combinaciones de Copas 170
- Espadas 202
  - Rey de Espadas 202
  - Reina de Espadas 202
  - Caballo de Espadas 204
  - Sota de Espadas 204
  - As de Espadas 206
  - Dos de Espadas 206
  - Tres de Espadas 208
  - Cuatro de Espadas 208
  - Cinco de Espadas 210
  - Seis de Espadas 210
  - Siete de Espadas 212
  - Ocho de Espadas 212
  - Nueve de Espadas 214
  - Diez de Espadas 214
- Combinaciones de Espadas 216
- Oros 248
  - Rey de Oros 248
  - Reina de Oros 248
  - Caballo de Oros 250
  - Sota de Oros 250
  - As de Oros 252
  - Dos de Oros 252
  - Tres de Oros 254
  - Cuatro de Oros 254
  - Cinco de Oros 256
  - Seis de Oros 256
  - Siete de Oros 258
  - Ocho de Oros 258
  - Nueve de Oros 260
  - Diez de Oros 260
- Combinaciones de Oros 262

Págs.

Cuarta parte: Combinaciones aleatorias de cartas 295

   Combinaciones de dos cartas 296

      Dos al derecho 296
      Una al derecho y otra invertida 302
      Dos invertidas 308

   Combinaciones de tres cartas 315

      Tres al derecho 315
      Al derecho e invertidas 320
      Tres invertidas 326

   Combinaciones de cuatro cartas 332

      Cuatro al derecho 332
      Al derecho e invertidas 338
      Cuatro invertidas 344

Quinta parte: Lectura de las cartas 351

   Introducción 351
   La Cruz Céltica 353
      Ejemplo 357
   Lectura de seis meses 359
      Ejemplo 360
   Despliegue del Arco Iris 361
      Ejemplo 361
   Despliegue Abierto 364
      Ejemplo 364
   Despliegue de Veintiuno 367
      Ejemplo 367
   Despliegue del Reloj Anual 368
      Ejemplo 369
   Estímulo para los nuevos lectores 370

Índice Alfabético 371

Acerca de la autora 377

Agradecimientos

Manifiesto mi gratitud y cariño a las siguientes y relevantes personas por haber hecho realidad uno de mis sueños.

Gracias a:

U. S. Games Systems, Inc., Stamford, Connecticut, Estados Unidos de América.
Mary Zammit, Greystanes.
Iris y Howard Murphet.
Ilona y Richard, mis padres.
Jason y Gavin, mis hijos.
Charles Wynn-Taylor; sin su ayuda, esto *no* habría sido posible.
Bárbara Gottwald, mi mejor amiga.
Y a *TODOS* los que han dedicado un tiempo al estudio de las cartas del tarot.

Prólogo

ESTE libro constituye una guía para la lectura del tarot. Proporciono las definiciones básicas de los significados de las cartas de modo tal que, si usted empieza a estudiar el tarot, consiga advertir rápidamente cómo son capaces los naipes de informarle sobre las vidas de quienes le rodean. Las interpretaciones abarcan significados específicos tanto de las cartas derechas como invertidas, así como ejemplos de combinaciones de naipes para mostrar el modo de ligar dos, tres o cuatro. Utilizando este sistema, puede aprender a identificar y separar diversas agrupaciones de cartas que se relacionan con cuestiones concernientes al dinero, las relaciones, los problemas, la salud, etc. Ejemplos de determinadas combinaciones de naipes le mostrarán casos concretos y resultados referidos a tales materias. Los acontecimientos e influencias en torno de cuestiones particulares aparecen también en distribuciones que muestran cómo emplear distintos despliegues del tarot.

Sería imposible mostrar todas las combinaciones de naipes que pueden surgir, porque las posibilidades son interminables. La ventaja de operar con estas combinaciones estriba en enseñarle diversas entre las más corrientes, y de lectura fácil, para que se familiarice con la interpretación y la vinculación de cartas. Los naipes del tarot le refieren su propia historia, y este libro le ayudará a conocer el modo de descubrirla.

Son muchos los que empiezan a estudiar el tarot y pierden interés y confianza en sí mismos cuando tratan de leer las cartas. Carecen de información suficiente para combinar y unir los naipes en donde sea necesario o apropiado, y no se enteran así de lo que éstos tratan de decirles. Algunos creen que hace falta una cierta capacidad psíquica para leer acertadamente las cartas, y que sin ese don jamás lo conseguirán. Pero tal facultad se nos ha dado a todos, así que no debemos tener miedo de utilizar nuestras dotes de percepción. Correctamente empleados, los naipes son increíblemente precisos en lo que se refiere a predecir acontecimientos y dar respuestas a preguntas tal vez acuciantes. Las cartas pueden guiarnos en nuestro viaje por la vida.

Aunque no se requiere clarividencia ni sabiduría psíquica para interpretar las cartas, la destreza psíquica resulta ciertamente una ayuda. Lo que se revela también eficaz durante la lectura de las cartas es un entendimiento básico de las emociones y relaciones humanas. Por ejemplo, la intuición y la percepción fortalecerán su capacidad de proporcionar a la indagación una interpretación plena y clara de la secuencia de las cartas del tarot según las vaya extrayendo.

Las cartas aisladas y sus interpretaciones están dispuestas en el orden de la baraja. Empezaré refiriéndome a los Arcanos Mayores, y luego a los Arcanos Menores: Bastos, Copas, Espadas y Oros. Las significaciones mencionadas son las básicas generalmente aceptadas para las cartas convencionales.

Presento distintas interpretaciones para las combinaciones de naipes. Hay muchas maneras de leerlas, y ofrezco varias a su consideración. No se alarme ni confunda ante el hecho de que haya tantos modos de leer las cartas. Las diferentes interpretaciones son similares en su significado. No están concebidas para desconcertarlo, sólo para mostrar que es posible variar la traducción para aclarar su sentido. Podemos optar por combinar las cartas de una manera por completo diferente; se trata de una elección que cabe hacer, pero no trate de apartarse mucho de los significados básicos de las cartas para que no cambie el conjunto de la imagen y su lectura sea totalmente desacertada.

Esfuércese para que la tarea sea sencilla. Cálmese, relaje su mente a través de la oración o de la meditación, perciba la energía que le rodea, las cartas, la habitación y, una vez que tenga seguridad bastante, estará ya preparado para la indagación. Solicite la ayuda divina y le será dada si usted la acepta.

Los naipes pueden ser sus amigos fieles, si se lo permite. La perseverancia, la tolerancia, las tentativas y los errores que cometa serán los mejores profesores.

El tarot forma parte de los antiguos misterios. Otras áreas del estudio esotérico incluyen la astrología, la numerología y la quiromancia. Todas tienen algo en común: muestran el sendero de nuestro viaje.

PRIMERA PARTE

Introducción

Con el fin de entender los conceptos básicos de la lectura de combinaciones de naipes del Tarot, los lectores necesitan saber algo acerca de los Arcanos Mayores y Menores, incluso aunque hayan leído probablemente las definiciones básicas de otros textos, y aunque trabajen con un maestro. Las páginas que siguen fijan el rumbo de este viaje.

La baraja

El doctor Arthur Edward Waite creó la Baraja Rider-Waite. Fue ilustrada por Pamela Colman Smith. En la Baraja Universal de Waite aparece una nueva coloración de los símbolos originales, y yo la he empleado en este libro. Los estudiantes pueden operar con ambas.

Armonice con sus cartas

Desarrolle una armonía y cuide sus naipes. Conviene envolverlos en un pañuelo de seda pura. Elija al efecto un color intenso y radiante que los proteja de daños e impida la intromisión de vibraciones negativas. Las cartas son como imanes que recogen energía para emplearla en fuerzas dinámicas. Consérvelas siempre en un lugar seguro. Manéjelas con amor y respeto y le pagarán con la misma moneda. Si no las cuida, menguará su impacto dinámico.

Mitos relativos a las cartas del Tarot

He aquí algunos de los mitos más corrientes que he escuchado:

1. «No compre nunca su propia baraja del tarot.» Es verdad que la primera que tuve fue un regalo muy apreciado, pero desde entonces he adquirido innumerables y operan con la misma eficiencia que la que me dieron.
2. «Sólo corte la baraja con la mano izquierda.» Los métodos utilizados para cortar las cartas son tan variados como sus interpretaciones.

3. «No puede practicar la lectura de cartas para usted o para su familia.» Siempre me he leído las cartas y también lo he hecho con mi familia. Si es capaz de aprender a leer e interpretar los naipes tal como salgan, y a reconocer lo que vayan diciéndole, entonces podrá leerlas para usted, para su familia o para desconocidos. Pero si entran en juego sus emociones, es posible que no consiga «ver» muy bien.

Lugar

Seleccione una estancia o un espacio adecuado, escoja muebles cómodos —una mesa y una silla, un tapete, flores, cuadros—, todo lo que resulte agradable y le haga sentirse a gusto en la habitación en donde pretenda leer las cartas.

Relájese

La meditación previa a la lectura contribuye al logro de una disposición serena y receptiva, puesto que calma su mente y le otorga una comprensión superior. Puede optar por la meditación y/o rezar una oración o captar energía logrando tanta serenidad como le sea posible. Es mejor alejar de su mente todos los pensamientos extraños. Concéntrese sólo en ensanchar su propia conciencia y evoque un brillante rayo dorado que emane de su poder superior y le inunde con esa divina energía. Experimente la fuerza que le penetra, que le rodea y envuelve el espacio en torno. Sosiéguese, solicite una guía que le ayude, acéptela y manifieste su gratitud. Cuando advierta que la energía comienza a retirarse, sabrá que la transición ha quedado concluida.

Aprendizaje

Para empezar a conocer las cartas, es mejor separarlas por sus palos respectivos. Los Arcanos Mayores están numerados del I al XXI, y El Loco ostenta el 0. Bastos, Copas, Espadas y Oros, integrados por Rey, Reina, Caballo, Sota, y los números 2 al 10 incluidos, reciben la denominación de Arcanos Menores.

Tome los Arcanos Mayores y extienda sucesivamente los veintidós naipes ante usted. Examínelos con gran atención y estudie las cartas. Fíjese en todos los detalles en que pueda reparar; advierta, por ejemplo, los colores; las flores, si éstas se han abierto ya; las nubes, si son blancas, grises o negras; los caballos, si son rojos, grises o negros. ¿Está el caballo encabritado o arrastra con lentitud los cascos? Cierre los ojos y pase suavemente el dedo índice por el anverso y por el reverso de cada carta para sentirla. Considere las imágenes, los símbolos o los colores que evoque en su mente.

Recuerdo haber realizado especialmente este ejercicio con La Emperatriz, y ver con los ojos de la mente un árbol, cuyas ramas al parecer secas lucían, sin embargo, unos frutos semejantes a cerezas muy rojas. Entonces no lo entendí pero, inquietándome mucho, hice sin ningún resultado algunas indagaciones. Mas de repente fui consciente de que la imagen que había surgido representaba fruto, un fruto significativo, la Emperatriz Madre. El fruto, las cerezas y no el árbol. Confusa al principio al ver que había echado cerezas un árbol seco, erré en un principio en su significación. No se alarme al comienzo por lo que contemple con los ojos de su mente o por lo que no vea. Es posible que a veces distinga un color en vez de una imagen, o quizá que tenga un sentimiento, un pensamiento intuitivo o una percepción. Siga adelante, aunque en ese momento no lo entienda. Cuanto más maneje y estudie las cartas, mayor será su maestría. Lo mismo que sucede a un gran pianista que sólo alcanza la perfección del virtuoso a través de horas de constante dedicación a la práctica del instrumento.

Proceda igual con los Bastos, las Copas, las Espadas y los Oros que coloque sucesivamente ante usted. El tiempo que así pase le permitirá progresar en la tarea. Desarrolle su destreza y llegará a dominar las cartas del Tarot.

Presentación de la baraja

Estructura de la baraja del tarot

Consta de setenta y ocho (78) cartas. Posee veintidós Arcanos Mayores (del I al XXI, y El Loco, que es el 0). Hay cincuenta y seis (56) Arcanos Menores, constituidos por:

Cuatro Reyes
Cuatro Reinas

Cuatro Caballos, y
Cuatro Sotas de los distintos palos, que suman 16 naipes.

Hay cuatro Ases de los respectivos palos, y los naipes numerados del 2 al 10 que suman 36. El total es, pues, de 78.

Arcanos Mayores

Los Arcanos Mayores están numerados. Representan la baraja original de veintidós cartas. Cada naipe tiene un nombre. Estos símbolos han sido empleados desde tiempos remotos. Los Arcanos Menores fueron añadidos muchísimo más tarde con el fin de proporcionar más información y de mejorar las lecturas.

Cuando lea los Arcanos Mayores, tome nota de dónde y cuántos aparecen en un determinado despliegue. Tal vez indiquen un nuevo segmento de su lectura o destaquen una persona o situación relevante en la indagación. Estas veintidós cartas son las superiores y más importantes de la baraja de 78. Afánese especialmente en determinar por qué han aparecido, y lo que tratan de decirle.

El Loco

El Loco puede ser empleado para identificar a una persona o un acontecimiento en relación con la historia de la lectura. En la baraja convencional, El Loco es reemplazado por el comodín.

Arcanos Menores

Las 56 cartas de los Arcanos Menores son similares a una baraja de juego. Constan de cuatro palos. Rey, Reina, Caballo, Sota y As corresponden a las figuras de la baraja convencional. Pero el caballo es un naipe adicional, puesto que la baraja habitual sólo tiene 52 naipes.

Las figuras

Oros, Copas, Espadas y Bastos se corresponden con los cuadrados, corazones, picas y tréboles de la baraja francesa, y los diamantes, corazones, lanzas y tréboles de la baraja inglesa.

Las figuras suelen representar personas. Las descripciones aquí expuestas sólo pretenden ser una orientación inicial. No se atenga demasiado a la descripción porque a veces pueden variar ligeramente pelo y ojos. Por ejemplo, el pelo rojo puede indicar ojos castaños, pero el pelo gris señalará ojos de cualquier color.

También es posible que las figuras representen una situación relacionada con la pregunta original formulada o la orientación que busca quien ha recurrido a usted. Las figuras no están numeradas.

Los Ases

En cualquier palo de los Arcanos Menores el As representa el comienzo de la secuencia de diez naipes. Cabe utilizarlos para designar las estaciones: As de Bastos = Primavera, As de Copas = Verano, As de Espadas = Otoño, y As de Oros = Invierno.

Las cartas del 2 al 10

Se trata de cartas de situación y sus explicaciones se hallan mencionadas en las descripciones. Tenga en cuenta que las interpretaciones y significados proporcionados sirven como guía y que es posible recurrir a variaciones.

Aprenda a conocer las cartas

Estudie sucesivamente cada uno de los grupos, Arcanos Mayores, Bastos, Copas, Espadas y Oros. Aprenda los significados derecho e invertido de cada conjunto de naipes, porque ambos son igualmente importantes. Recuerde que las definiciones se le brindan sólo como guía para establecer la orientación de las cartas. Cabe emplear una palabra alternativa en vez de las utilizadas.

Tras aprender los significados simples de los Arcanos Mayores (tanto al derecho como invertidos), empiece a colocar juntos dos naipes, por ejemplo, El Mago y La Sacerdotisa, y aprenda cómo pueden combinarse.

Extienda las cartas de izquierda a derecha. Léalas de izquierda a derecha como haría con un libro. En esta etapa no es aconsejable leer juntas más de dos cartas. Una vez que haya practicado la combinación de la primera y la segunda, de la tercera y la cuarta, etc., empiece a combinar al azar dos de los Arcanos Mayores, derecho con derecho, derecho con invertido e invertido con invertido.

Familiarícese con los naipes: sienta su dinamismo. No se preocupe si experimenta dificultades con una determinada combinación. Algunas cartas no parecen combinarse con facilidad y con la adición de otro naipe tal vez sea capaz de aclarar el significado y la orientación.

Los Arcanos Menores

Los palos de los Arcanos Menores tienen significados específicos. Los Bastos se relacionan con la acción, la profesión y el trabajo; las Copas con sensaciones, sentimientos y afectos; las Espadas con dificultades, obstáculos y crisis, y los Oros con las finanzas, la riqueza y los ingresos.

Al igual que hizo con los Arcanos Mayores, extienda una por una las catorce cartas frente a usted: Rey, Reina, Caballo, Sota, As, y del dos al diez. Examine y estudie los naipes y sus símbolos. Comprenda sus significaciones aisladas, tanto derechos como invertidos.

Combinaciones de los Arcanos Menores

Coloque las cartas de los palos respectivos en grupos de dos y de izquierda a derecha, Rey y Reina, Caballo y Sota, etc., para habituarse a la idea de ligar la significación de cada una. Experimente la energía de la combinación.

Práctica

Tras haberse ejercitado en la combinación de los Arcanos Mayores y de los palos en grupos de dos, reúna todas las cartas boca abajo sobre la mesa, remúevalas bien y luego recójalas para barajarlas. Corte con cualquiera de las dos manos. Tome el montón más grueso y saque varios grupos de dos cartas que extenderá de izquierda a derecha. Practique la interpretación de los grupos de dos y su vinculación. Vea y sienta cómo se integran los naipes en beneficio de usted. Concédase tiempo suficiente. Traduzca lo que parecen estar diciéndole. Tal vez sea una buena idea tomar notas de su tarea para referencias futuras.

Interpretación de los Arcanos Menores

Cuando lea los Arcanos Menores (Bastos, Copas, Espadas y Oros), no se limite a combinar las significaciones de los palos. Por ejemplo, el As de Copas alude a sensaciones, sentimientos o afectos (amor), pero la expansión de este significado sugiere matrimonio, satisfacción, deleite, felicidad, éxito y abundancia, o lo inverso. Estas posibles interpretaciones han de ser leídas en relación con la carta siguiente. Las dos refieren una historia. Por ejemplo, el As de Copas y el Cuatro de Copas pueden significar:

matrimonio y felicidad,
satisfacción y placer,
felicidad y celebraciones.

Ambos naipes aluden a una sensación, un sentimiento y un afecto porque los dos son Copas. El As de Copas combinado con el Diez de Oros puede ser leído de la siguiente manera:

matrimonio y familia,
satisfacción y felicidad,
riqueza y fortuna.

La interpretación apropiada sobrevendrá fácilmente con la práctica del aprendizaje y del entendimiento de los naipes.

Lectura de cartas de palos diferentes

Las cartas de los palos de los Arcanos Menores proporcionan fuerza a la historia. Bastos equivale a actividad, profesión, trabajo; Copas equivale a sensación, sentimiento, afecto; Espadas equivale a dificultades, obstáculos y crisis, y Oros equivale a finanzas, riqueza e ingresos. Esos palos le dirán si la historia se refiere a cuestiones personales: trabajo, dinero, obstáculos, etc. Por ejemplo:

El Sumo Sacerdote seguido por el As de Oros
MATRIMONIO   FINANZAS

Cabe interpretar por eso matrimonio/finanzas como unión/ingresos o asociación/éxito.

Es posible desarrollar una lectura objetiva mediante el empleo de sus sensaciones intuitivas. Por ejemplo:

1. As de Bastos = nuevo, principio, comienzo, etc.
2. Dos de Bastos = proyecto, objetivo, éxito, etc.

El As de Bastos y el Dos de Bastos son cartas de trabajo e indican un *nuevo comienzo* de un *proyecto* relacionado con el *trabajo*.

Pero cuando añade una tercera carta, por ejemplo, Los Enamorados, que significa amantes, socios, unión, entonces la historia se refiere a un *nuevo comienzo* con un *proyecto* relativo a *amantes, socios* o a una unión. A partir de este ejemplo conseguirá advertir que las cartas son leídas utilizando sus significaciones singulares, y además vinculadas merced a sus sensaciones intuitivas y a la orientación proporcionada por los naipes que sigan.

Las interpretaciones atribuidas a las combinaciones de cartas constituyen muestras de la manera en que cabe ofrecer tres diferentes (pero similares). Con esto no se pretende confundir a los estudiantes, sino por el contrario mostrarles los distintos modos de lectura de los naipes.

Cuando se lee un conjunto de cinco naipes de palos diferentes no resulta adecuado tratar de combinar los palos y las significaciones, porque esto podría enturbiar la historia y hacer más difícil su traducción. Por ejemplo, es posible que resulte necesario contar sólo con las descripciones de las cartas cuando se trate de la lectura de un Arcano Mayor, un Basto, una Copa, una Espada y un Oro. He aquí cómo:

Basto	*Arcano Mayor*	*Copa*	*Espada*	*Oro*
As	Los Enamorados	Caballo	3 (Invertida)	4
NUEVO	AMANTE (se)	ACERCA	CONFUSIÓN (re)	APODERAMIENTO

Puede mencionar la naturaleza del palo cuando esté leyendo un conjunto mientras habla con quien le ha preguntado. Si ha sacado Bastos (trabajo) o Espadas (dificultad), la mayoría de las personas querrán saberlo. Cuando advierta cartas problemáticas en la combinación, resultará estimulante conocer la naturaleza del problema, y ésta quedará determinada por el palo tanto como por los propios naipes. Por ejemplo:

LOS ENAMORADOS (derecho)   *Siete de Oros* (derecho)   *Palo*
Los enamorados .... planifican .... sus finanzas.

o

Palo Nueve de Espadas (derecho)   *Cinco de Oros* (derecho)
La dificultad (crea) depresión (y)   pobreza.

o

As de Espadas (derecho)   *Palo*   *As de Oros* (derecho)   *Palo*
Nuevo trabajo (aporta) .... prosperidad con finanzas.

En estos casos resulta adecuado incluir el palo. Pero veamos otro ejemplo:

LOS ENAMORADOS (dcho.)   *Siete de Oros* (dcho.)   *As de copas* (dcho.)
Los amantes .... proyectan .... casarse

En este ejemplo de tres cartas no resultaría apropiado incluir la significación del palo. Esa interpretación es en sí misma bastante clara sin emplear Oros o Copas para definir la situación.

Cartas invertidas

Cuando las cartas aparecen invertidas, su interpretación es diferente. La carta de Los Enamorados significa «fiel» (al derecho) e «infiel» (invertida), y como tal será leída de modo distinto. Los Enamorados invertida puede ser leída como infiel en conjunción con la carta siguiente. Pero el naipe de Los Enamorados es siempre el mismo, derecho o invertido. Un ejemplo ulterior es el de El Mago. Es «inteligente» (al derecho) y «torpe» (invertida). Es también varonil (al derecho) o afeminado (invertida). El Mago invertido sigue siendo masculino, pero en esta posición posee características femeninas. No prescinda de los significados invertidos ni trate de cambiar en positivo lo negativo. La significación invertida de los naipes «encajará» con las demás cartas, así como con los significados derechos. He visto a muchos estudiantes soslayar asustados las significaciones invertidas y tratar de alterarlas hasta el punto de dar la vuelta a las cartas ¡No haga eso!

La posición invertida de los naipes contribuye a establecer la línea orientadora hacia la que se dirige quien pregunta. Si altera los significados de las cartas de cualquier modo que sea, dará al solicitante una lectura por completo negativa, basada en lo que imagine que es el resultado y no en el auténtico. La lectura carecerá así de todo valor.

Debe ser totalmente sincero acerca de lo que los naipes le inducen a decir. No manifieste lo que considere conveniente ni trate de amparar frente a una situación negativa al que pregunta. No sólo no le protegerá, sino que impedirá que adopte una acción positiva para prevenir un planteamiento negativo. Recuerde que muchos cambios positivos proceden de comienzos negativos.

Ha de confiar en sus cartas, si desea leerlas, y dejar a un lado sus propios sentimientos o pensamientos acerca de lo que cree que debe decir, pese a lo que experimente. De esta manera proporcionará una lectura sincera. Algunos lectores «dan» a quien les pregunta lo que creen que éste desea oír, ignorando la realidad de los acontecimientos que sobrevendrán. ¿De qué sirve semejante lectura? Es posible que en un principio la persona en cuestión se encuentre mejor, pero cuando la situación no cambie tal como le dijo, se sentirá mucho peor por haber creído en unas cartas que usted interpretó falsamente. Perderá un cliente, y la confianza en sí mismo como lector, mientras que el cliente perderá la confianza en las cartas y en usted. Hay también cuestiones morales que tendrá que abordar por su cuenta.

No olvide nunca que es sólo el intérprete de los naipes, no el creador de los acontecimientos. Si, por ejemplo, aparece invertida la carta de Los Enamorados, está diciéndole que «Los Enamorados» pasan por frustraciones y sienten una indiferencia mutua; en ese estado negativo existe una probabilidad de separación. Ya que se trata del naipe de Los Enamorados, usted lo interpretaría como «Los enamorados experimentan sentimientos de frustración y de indiferencia mutua y parecen abocados a una separación a no ser que sea rectificada la situación»: leerá de una manera similar los significados invertidos de cualesquiera otros naipes.

Lectura de las figuras

Una carta de figura o de Arcano Mayor utilizada para describir a individuos puede ser también empleada como naipe personal de alguien o de un acontecimiento. Esta circunstancia se halla sometida a la influencia de la carta precedente o a preguntas del solicitante. No es necesario incluir en la interpretación de figuras características tales de la descripción como su masculinidad/feminidad. Por ejemplo, el Rey de Copas derecho puede ser interpretado como:

1. Varón de su descripción,
2. Amante o cónyuge,
3. Amante o cónyuge de su descripción,

en función del desarrollo de la historia. Cuando utilice una figura para describir a una persona, puede emplear la descripción y las características mencionadas en las definiciones del naipe.

Narre la historia tal como la vea

Como intérprete, importa que refiera la historia a medida que se desarrolla, cuidando de presentar los aspectos sobresalientes y negativos de los naipes de un modo sencillo, directo y responsable, y de considerar la significación emocional de la alegría o la pena que suscitará.

A algunas personas puede serles difícil interpretar la historia cuando cambia la secuencia de los acontecimientos presentados por las cartas. Por ejemplo, un naipe positivo seguido por otro positivo y luego por un tercero negativo alterará la orientación de la historia. Veamos así el caso de una relación que ha tenido algunas cartas de buenos aspectos a las que sigue una negativa. Eso puede significar que una relación va (o iba) bien, pero que de repente cobra un giro espectacular. Un naipe negativo seguido de un naipe beneficioso, por ejemplo el As de Oros derecho (finanzas), puede indicar que los tiempos duros (en términos económicos) están mejorando.

Usted lee las cartas para buscar una respuesta. Si la pregunta se refiere a la búsqueda de un nuevo empleo y el resultado es el As de Oros (del palo = dinero, riqueza, ingresos), la respuesta tiene que ser relevante para la pregunta original. En la lista de definiciones figuran el dinero, la riqueza, el éxito, la prosperidad, la suerte y la fortuna. La interpretación podría ser: éxito en la búsqueda de un empleo o buena fortuna en el trabajo con acceso al dinero. Esta respuesta se relaciona entonces con la carta o cartas siguientes.

En ocasiones, lo que se pretende saber es de naturaleza general. Una persona pregunta qué le aportará el futuro. Usted necesitará sacar más de una carta para poder formular una línea del destino. Examine el significado de cada uno de los naipes en una secuencia de izquierda a derecha. Descubrirá que es más fácil combinar unos naipes que otros. Todos han de ser abordados porque, derechos o invertidos, dispensan orientación e información.

No es posible responder a algunas preguntas mediante la lectura de cartas. Tal vez sea preciso que le sean formuladas de otra manera o ampliadas para que resulte posible una respuesta. Por ejemplo: «¿Voy a conseguir un nuevo empleo?» quizá deba expresarse como: «¿Cambiaré de empleo?» A veces, las preguntas son tan vagas que no admiten respuesta, verbigracia: «¿Me sucederá algo en mi viaje?» Cabría la posibilidad de una réplica si fuese manifestada así: «¿Sufriré problemas de salud, la pérdida del equipaje o algo muy concreto durante mi viaje?»

Advierta que las variaciones en los ejemplos se refieren tanto a conceptos personales como abstractos. Por ejemplo, el Arcano Mayor La Muerte no se limita a la mortalidad, sino que cabe concebirla como el final de algún episodio de la vida o de una actividad. Leída en relación con la mortalidad, esta carta (La Muerte) ha de tener el respaldo de las indicaciones de otras. El Cuatro de Espadas (reposo) no se limita a la enfermedad, la convalecencia, etc., sino que puede referirse también a una demora, un aplazamiento o un factor durmiente similar. Esta circunstancia se aplica a todos los naipes cuando uno respalda o menoscaba al anterior.

En la interpretación de cartas, una sola (por ejemplo, Los Enamorados) indicará amantes, socios, unión, una combinación, relaciones y apego. Esta carta no proporciona indicios de que el caso en cuestión sea bueno o malo. El naipe que siga a Los Enamorados aportará una visión más amplia de los aspectos favorables y desfavorables. Tal hecho reviste importancia. Una carta inicia la historia, la siguiente aporta la orientación y la tercera aclarará la interpretación.

Las combinaciones de posibles interpretaciones de cartas son sólo ilustraciones de la manera de ver una historia. Ha de tener cuidado, por ejemplo, cuando use la palabra *matrimonio*. Un «matrimonio» es integración: una unión, relación o asociación. De modo similar cabe ver a La Muerte como el final, lo último o el paso definitivo en algo que tiene que concluir. Su intuición determinará la interpretación de la historia. Como las palabras claves del ejemplo manifiestan significados alternativos, su interpretación estará sometida a lo que usted sienta que significa una carta. Aprenderá también a percibir lo que siente quien le pregunta.

Cada carta se halla individualizada hasta que añade la siguiente y debe asegurarse de leer sólo hacia delante mientras se desarrolla la historia. En suma, los significados y la influencia de cada naipe permanecen aislados hasta que usted lo relaciona con el anterior. Como sucede con cualquier historia, procede de la frase previa.

La combinación de naipes constituye la historia, pero ésta se halla influida por el que inquiere. Debe leer la significación de los naipes a medida que aparecen, tanto si es positiva como si es negativa. Alguna que otra vez, obtendrá una carta positiva seguida por una negativa, y luego por otra positiva. En casos apropiados, la negativa puede ser interpretada como una cautela. Si tiene una combinación de cartas negativas, el resultado ha de ser negativo. Por ejemplo, se producirá una pérdida. Templanza, La Torre, Los Enamorados y el Cuatro de

Copas (todas invertidas) pueden leerse como: la *Indulgencia* crea efectos *adversos* y una *frustración* con pérdida del *deseo*. La pérdida pone de relieve que el deseo es negativo. El Cuatro de Copas significa deseo, pero las cartas adversas que la preceden señalan que este deseo no es bueno, porque hasta esta carta la historia no revela ninguna influencia positiva. El relato sólo podrá mejorar si los naipes siguientes son positivos y entonces tendrá que examinar la situación muy atentamente.

Perfilar el estudio de un conjunto de cartas

Recuerde que se utilizan palabras claves pero también que su uso puede ser diferente. Por ejemplo, es posible leer de la siguiente manera el Dos de Espadas, el Cinco de Oros, la Sota de Espadas y el Tres de Bastos (todos invertidos):

1. *Un error de juicio* causa en una *chica o en un chico* un *trastorno perjudicial*. Cabe perfilar esta lectura de las mismas cartas:
2. *Un error de juicio* causa en una chica o en un chico (dar la descripción) un *trastorno perjudicial*, al revelar su *egoísmo, sordidez y terquedad*.

O Justicia, Siete de Copas, Caballo de Copas y Reina de Oros:

1. Está *próxima* una *decisión legal*, el resultado es *venturoso*. Puede ser perfilada del siguiente modo:
2. Están *próximas* unas *decisiones legales* que requieren *reflexión*, el resultado es *venturoso* para esta *mujer* (dar su descripción) que *prosperará* con la *riqueza*.

Puede ver cómo se ha ampliado la historia, sin dejar de ceñirse a las palabras claves.

No lea significados que no estén allí

Por ejemplo:

El Juicio (derecho) = renovación, cambio, alteración.

No lea como buenos o como malos cambios o alteraciones, *a no ser* que antes o después, por ejemplo, El Sol (al derecho) le indique que son favorables.

1. El Juicio (al derecho) solo = cambios, alteraciones, etc.
2. El Sol (al derecho) solo = éxito, felicidad, etc.
3. El Juicio (al derecho) más El Sol (al derecho) = los cambios son beneficiosos.
4. El Sol (al derecho) y El Juicio (al derecho) = cambios beneficiosos.
5. El Juicio (al·derecho) con La Torre (al derecho) = los cambios son destructivos.
6. La Torre (al derecho) con El Juicio (al derecho) = cambios destructivos.

O:

1. Siete de Espadas (al derecho) = restricciones, obstáculos,etc.
2. Diez de Oros (al derecho) = residencia, familia, etc.
3. Ocho de Oros (al derecho) y el Diez de Oros (al derecho) = restricción/obstáculos en la residencia/familia, etc.
4. Diez de Oros (al derecho) y el Ocho de Espadas (al derecho) = restricciones/obstáculos en residencia/familia y por ese tenor.

Cómo leer el tiempo

Al operar con naipes del tiempo, hay que leerlos como poseedores del mismo valor, tanto derechos como invertidos. Recuerde que los naipes del tiempo se vinculan con una pregunta surgida de una lectura, y cabe relacionar las materias referentes a ésta con el momento en que pudiera suceder el acontecimiento.

Hay catorce cartas en cada palo. Dejando aparte el As, quedan trece. Éstas son las semanas de cada estación.

Las cartas del día se hallan representadas por los Arcanos Mayores y las predicciones se limitan a tres semanas, veintiún días de las semanas de la carta de la estación. El Loco (0) representa los acontecimientos inmediatos, aquellos que tendrán lugar dentro de la semana de la predicción.

Recoja los naipes, barájelos y vaya sacándolos hasta que aparezca una carta del tiempo, por ejemplo el As de Bastos. Reúna las cartas, vuelva a barajar y entonces torne a sacar hasta que surja un naipe del mismo palo, por ejemplo el Tres de Bastos. Baraje otra vez y saque hasta que aparezca el primer Arcano Mayor, por ejemplo El Carro (VII).

Cuando haga una lectura del tiempo, utilice la carta del acontecimiento, aquella en la que el demandante haya basado su pregunta, como naipe significador. Pida al cliente que baraje las cartas y las vaya sacando una encima de otra, hasta que surja el primer As. Ésa sera la estación. Colóquela al lado del significador, de izquierda a derecha. Vuelva a barajar y a extraer hasta que encuentre un naipe del mismo palo que el de la estación. Colóquelo junto a éste y representará la semana. Baraje de nuevo y saque cartas hasta que aparezca un Arcano Mayor. Indicará los días antes o después de tal semana. Por ejemplo:

As de Bastos = Primavera.
Siete de Bastos = la séptima semana.
El Ermitaño (IX) = al cabo de nueve días tras la séptima semana de la primavera.

Puede decir ahora a su cliente cuándo cree que tendrá lugar el acontecimiento.

Observaciones básicas

Si tras una lectura, no aparece claramente el resultado o la respuesta, no haga suposiciones. Vuelva a echar las cartas después de que sea formulada la pregunta de un modo diferente. Si tampoco entonces obtiene un resultado, es evidente que algo va mal. Trate de ser más específico con la indagación. Determine la causa que mayor inquietud suscite y limite su lectura a ese sector o grupo de cartas. Descubrirá que la energía de la influencia en el que inquiere y el que lee ha quedado fortalecida y que, en definitiva, el resultado es más claro.

SEGUNDA PARTE

Los Arcanos Mayores

Hay veintidós naipes en los Arcanos Mayores. Los presento por pares. Cada carta posee una definición básica, y es emparejada con la otra para que los lectores puedan ver cómo operan estas combinaciones. Los dos naipes aparecen en tres posiciones diferentes: ambos derechos, ambos invertidos, y uno derecho y otro invertido.

El Mago

Al derecho *Invertida*

Masculino. Afeminado.
Inteligente. Torpe.
Creativo. Atolondrado.
Ingenioso. Negativo.
Proficiente. Confuso.
Bien dotado. Desorganizado.

La Sacerdotisa

Al derecho *Invertida*

Femenina. Feminista.
Mujer desconocida. Chismorreo.
Lo ignoto. Falso.
Secretos. Engañoso.
Confidente. Desleal.
Misterio. Infidelidad.

*El Mago al derecho y
La Sacerdotisa al derecho*

Masculino y femenino.
Inteligente, pero desconocido.
Ingenioso y misterioso.
Creativo, pero reservado.
Mujer bien dotada.
Proficiente y confidente.

 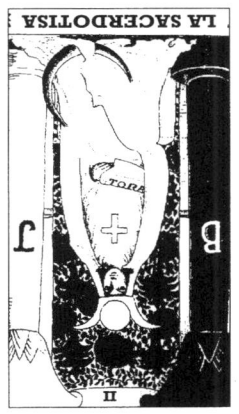

*El Mago invertida y
La Sacerdotisa invertida*

Confusión y engaño.
Chismorreo femenino.
Atolondrado e infiel.
Negativo y falso.
Torpe y desleal.
Feminista desorganizada.

 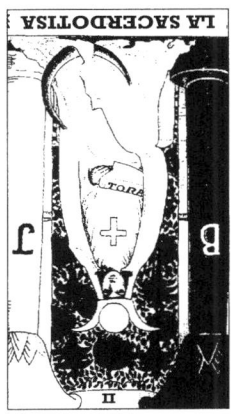

*El Mago al derecho y
La Sacerdotisa invertida*

Hábil en el engaño.
Bien dotado, pero desleal.
Chismorreo masculino.
Ingenioso, pero infiel.
Feminista creativa.
Falsas destrezas.

La Emperatriz

Al derecho

Femenina.
Maternal.
Fertilidad.
Creación.
Productivo.
Fructífero.

Invertida

Infértil.
Estéril.
Durmiente.
Improductivo.
Yermo.
Infructuoso.

El Emperador

Al derecho

Masculino.
Paternal.
Autorizado.
Estabilidad.
Protector.
Consejero.

Invertida

Informal.
Débil.
Inconsistente.
Inestable.
Vago.
Indeciso.

*La Emperatriz al derecho y
El Emperador al derecho*

Femenino y masculino.
Madre y Padre.
Fructífero y estable.
Autoridad eficaz.
Madre protectora.
Consejero productivo.

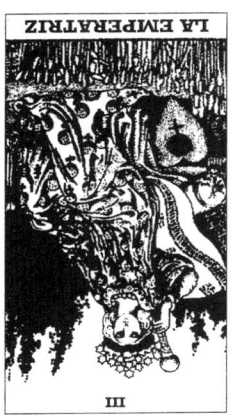 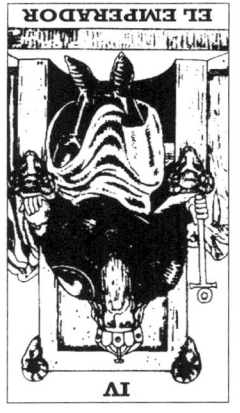

*La Emperatriz invertida y
El Emperador invertida*

Infértil, inconsistente.
Estéril, débil.
Infructuoso y vago.
Yermo e inestable.
Improductivo e informal.
Durmiente e indeciso.

*La Emperatriz al derecho y
El Emperador invertida*

Madre-informal.
Mujer-indecisa.
Mujer dudosa.
Fertilidad-inconsistente.
Producción insegura.
Fructífero, pero inestable.

El Sumo Sacerdote

Al derecho

Matrimonio-Unión.
Relaciones.
Celebrante.
Consentimiento.
Bendición.
Aprobación.

Invertida

Separación.
Desaprobación.
Rechazo.
Desapego.
Retraimiento.
Soltería.

Los Enamorados

Al derecho

Amantes.
Socios.
Unión.
Combinación.
Relaciones.
Apego.

Invertida

Indiferente.
Desapegados.
Separación.
Frustraciones.
Singular.
Sin relación.

DEFINICIONES BÁSICAS

El Sumo Sacerdote al derecho y Los Enamorados al derecho

Matrimonio de amantes.
Combinación aprobada.
El celebrante se une a sus socios.
Consentimiento para una unión.
Aprobación de una relación.
Apego conyugal.

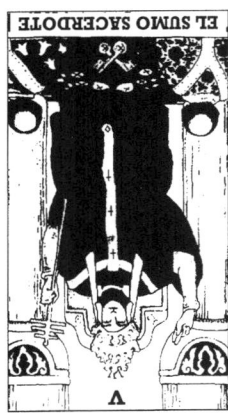 

El Sumo Sacerdote invertida y los Los Enamorados invertida

Solteros y solitarios.
Rechazo y frustraciones.
Desapegado y sin relaciones.
Desaprobación de una separación.
Separados y sin apego.
Retraído e indiferente.

El Sumo Sacerdote al derecho y Los Enamorados invertida

El matrimonio se muestra indiferente.
Aceptación de la separación.
Relación sin apego.
El celebrante es soltero.
El bien causa frustración.
Fructífero pero inestable.

El Carro

Al derecho

Transporte.
Movimiento.
Viaje.
Restablecer.
Cambio.
Progreso.

Invertida

Estático.
Inmutado.
Inmóvil.
Inactivo.
Detenido.
Fijo.

La Fuerza

Al derecho

Fortaleza.
Fuerza.
Poderoso.
Energía.
Vitalidad.
Vigor.

Invertida

Débil.
Titubear.
Aletargado.
Frágil.
Inactivo.
Impotencia.

El Carro al derecho y
La Fuerza al derecho

El transporte es poderoso.
Movimiento con fuerza.
El viaje devuelve la vitalidad.
Obrar con fuerza.
El cambio requiere fortaleza.
progresivo y fuerte.

El Carro invertida y
La Fuerza invertida

Estático y débil.
Inmutado, sigue frágil.
Inmóvil, sin progreso.
Detenido y estancado.
Fijo, inactivo.
Inactivo e impotente.

El Carro al derecho y
La Fuerza invertida

El transporte es inactivo.
El movimiento es letárgico.
El viaje es delicado.
El progreso es débil.
El cambio es vacilante.
Restablecimiento lento.

El Ermitaño

Al derecho *Invertida*

Soledad.	Solo.
Reflexión.	Recluído.
Guía.	Apartado.
Examen de conciencia.	Negativo.
Pensar.	Retirado.
Diferenciado.	Secreto.

La Rueda de la Fortuna

Al derecho *Invertida*

Rumbo.	Destino.
Ciclo vital.	Inmovilizar.
Dirección.	Suspender.
Futuro.	Demoras.
Cambio.	Negativo.
Oportunidad.	Sin motivo.

 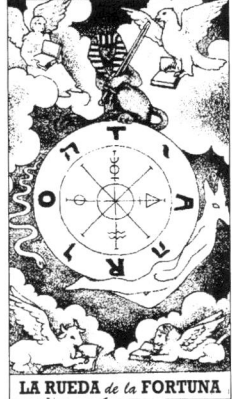

El Ermitaño al derecho y
La Rueda de la Fortuna
al derecho

Pensar en el futuro.
Examen de conciencia con un propósito.
Reflexión sobre el destino.
La soledad aporta un cambio.
La guía proporciona una oportunidad.
Separado de la vida.

 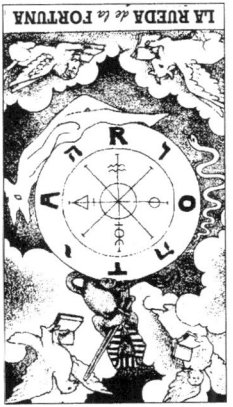

El Ermitaño invertida y
La Rueda de la Fortuna invertida

Solo y sin metas.
Recluido e inmovilizado.
Apartado y negativo.
Demoras negativas.
Destino desconocido.
Retirado y estancado.

El Ermitaño al derecho y
La Rueda de la Fortuna invertida

La orientación es negativa.
El consejo crea estancamiento.
Reflexión sobre el destino.
No hay razones para el pensamiento.
Aplazado el examen de conciencia.
Marginado e inmovilizado.

La Justicia

Al derecho

Legal.
Equilibrio.
Igualdad.
Justicia.
Derecho.
Tribunal.

Invertida

Ilegal.
Sesgo.
Injusto.
Desigual.
Fraudulento.
Arbitrario.

El Colgado

Al derecho

Parar.
Detenido.
Restringido.
Limitado.
Interrumpir.
Cesar.

Invertida

Acción.
Progreso.
Mejorar.
Avanzar.
Ordenar.
Acercarse.

*La Justicia al derecho y
El Colgado al derecho*

Paralizadas las situaciones legales.
Aplazamiento de un juicio.
Restricciones legales.
La igualdad está limitada.
Ha cesado la justicia.
Se requiere un equilibrio; interrumpir.

*La Justicia invertida y
El Colgado invertida*

Aumenta el fraude.
Progreso ilegal.
Avance injusto.
Acción partidista.
Orden injusto.
Progreso desigual.

*La Justicia al derecho y
El Colgado invertida*

Acción legal.
Progresa el equilibrio.
Mejora la igualdad.
Avance de la justicia.
Acceso al Derecho.
Orden judicial.

La Muerte

Al derecho

Final.
Destrucción.
Conclusión.
Cesar.
Terminación.
Pérdida.

Invertida

Continuidad.
Inactivo.
Lento.
Estancado.
Advertencia.
Exánime.

La Templanza

Al derecho

Templado.
Equilibrado.
Limitación.
Control.
Alternativa.
Moderación.
Verbigracia.

Invertida

Indulgencia.
Exceso.
Intoxicación.
Desequilibrio.
Abuso.
Glotonería.
Bebida, drogas.

DEFINICIONES BÁSICAS 49

*La Muerte al derecho y
Templanza al derecho*

Final de una limitación.
Alternativa última.
Destructivo si no es controlado.
Pérdida de equilibrio.
Deja de ser moderado.
Final de la templanza.

*La Muerte invertida y
La Templanza invertida*

Prosigue la indulgencia.
Advertencia contra el exceso.
Cautela contra la intoxicación.
Paralización en la glotonería.
Abuso lento.
La inactividad causa desequilibrio.

*La Muerte al derecho y
La Templanza invertida*

Final de la intoxicación.
Desequilibrio destructivo.
Final de la glotonería.
Cese del abuso.
Pérdida debida al exceso.
Indulgencia final.

El Diablo

Al derecho

Ira.
Violencia.
Celos.
Egoísmo.
Resentimiento.
Animosidad.

Invertida

Frustración.
Limitación.
Discordia.
Contradicciones.
Desacuerdos.
Engaño.

La Torre

Al derecho

Destrucción.
Ruptura.
Tensión/angustia.
Caída.
Pérdida.
Ruina.

Invertida

Cautela.
Inquietud.
Accidente.
Adversidad.
Limitación.
Precaución.

DEFINICIONES BÁSICAS

*El Diablo al derecho y
La Torre al derecho*

Ira por la destrucción.
El egoísmo crea tensión.
Los celos causan una pérdida.
La violencia crea angustia.
El resentimiento provoca una ruptura.
La animosidad aporta la ruina.

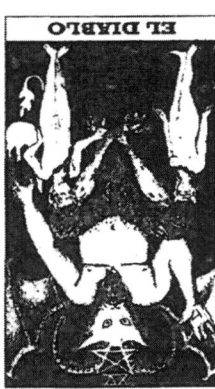

*El Diablo invertida y
La Torre invertida*

Frustración e inquietud.
Limitación a causa de un accidente.
Discordia debida a una limitación.
Contradicciones y adversidades.
Desacuerdos, tome precauciones.
Engaño, proceda con cautela.

*El Diablo al derecho y
La Torre invertida*

Ira, tome precauciones.
Violencia, cautela.
Los celos crean adversidades.
Atención al egoísmo.
Resentimiento e inquietud.
Hay que limitar la animosidad.

La Estrella

Al derecho

Expectativas.
Esperanzas.
Oportunidad.
Favorable.
Perspectiva.
Destino.

Invertida

Derroche.
Pérdida.
Sin preparación.
Desfavorable.
Abandono.
Inesperado.

La Luna

Al derecho

Cautela.
Precaución.
Caprichoso.
Decepción.
Oscuro.
Riesgo.

Invertida

Inestable.
Incierto.
Prevención.
Turbio.
Engañoso.
Inconsistente.

La Estrella al derecho y
La Luna al derecho

La oportunidad presenta un riesgo.
Las expectativas son engañosas.
Favorable si procede con cautela.
Las esperanzas son oscuras.
El destino es turbio.
La perspectiva es caprichosa.

La Estrella invertida y
La Luna invertida

Pérdida, cautela.
Abandono, incierto.
Inestabilidad inesperada.
Desfavorable, engañoso.
No está preparado para la inconsecuencia.
El derroche es turbio cautela.

La Estrella al derecho y
La Luna invertida

Las expectativas son inestables.
Las esperanzas son engañosas.
La oportunidad es incierta.
Lo que parece favorable no lo es.
Perspectivas turbias.
El destino es inconsistente.

El Sol

Al derecho

Éxito.
Felicidad.
Logro.
Gratificante.
Abundancia.
Productivo.

Invertida

Pérdida.
Fallido.
Fracaso.
Negativo.
No gratificante.
Improductivo.

El Juicio

Al derecho

Renovación.
Cambio.
Alteración.
Transferencia.
Mudanza.
Transformación.

Invertida

Anticuado.
Estático.
Permanencia.
Sin cambios.
Estancamiento.
Detenido.

El Sol al derecho y
El Juicio al derecho

Transformación afortunada.
Cambio feliz.
Logro de una transferencia.
Alteración productiva.
Renovación fructífera.
Cambio gratificante.

El Sol invertida y
El Juicio invertida

Pérdida, subsistencia sin cambio.
No gratificante por no haber cambio.
Fracaso, detención.
Negativo y estancado.
Fallido, anticuado.
Improductivo, estático.

El Sol al derecho y
El Juicio invertida

Detención del éxito.
Felicidad sin cambio.
El logro es estático.
Gratificación estancada.
Subsiste la abundancia.
La productividad es anticuada.

El Mundo

Al derecho

Seguro.
Seguridad.
Positivo.
Certeza.
Premio.
Éxito.

Invertida

Incierto.
Fallido.
Negativo.
Sin premio.
Inseguro.
Pérdida.

El Loco

Al derecho

Despreocupado.
Estúpido.
Extravagante.
Impetuoso.
Indiscreto.
Vago.

Invertida

Descuidado.
Confuso.
Incierto.
Inconsecuente.
Inestable.
Indeciso.

*El Mundo al derecho y
El Loco al derecho*

La certeza es indiscreta.
Seguro hasta ser extravagante.
Positivamente impetuoso.
Triunfante y despreocupado.
Los premios son vagos.
Ciertamente estúpido.

*El Mundo invertida y
El Loco invertida*

Inseguro y confuso.
Negativo e indeciso.
Incierto e inestable.
Fallido e incierto.
Pérdida por inconsecuencia.
Sin satisfacción y descuidado.

*El Mundo al derecho y
El Loco invertida*

El éxito es incierto.
La seguridad es inconsistente.
La certeza es confusa.
Seguro hasta el descuido.
Los premios no están decididos.
Positivamente inestable.

El Mago al derecho y
El Sumo Sacerdote al derecho

Celebrante masculino.
Aprobación creativa.
Un espléndido don.

El Sumo Sacerdote al derecho y
El Mago al derecho

Asentimiento al talento.
El don de la creatividad.
Aprobación de un hombre.

El Mago al derecho y
El Sumo Sacerdote invertida

Rechazo del talento.
Denegada la creación.
Hombre soltero.

El Sumo Sacerdote al derecho y
El Mago invertida

El matrimonio es negativo.
Relación desorganizada.
Los dones son confusos.

COMBINACIONES DE LOS ARCANOS MAYORES 59

El Sumo Sacerdote invertida y
El Mago al derecho

Hombre soltero.
Desaprobación de la creación.
Rechazo del talento.

El Mago invertida y
El Sumo Sacerdote al derecho

Confuso acerca de la aprobación.
Matrimonio desorganizado.
Perplejo sobre una relación.

El Sumo Sacerdote invertida y
El Mago invertida

Rechazo y confusión.
Separación y desorganización.
Soltero y negativo.

El Mago invertida y
El Sumo Sacerdote invertida

Afeminado y soltero.
Perplejo y aislado.
Negativo y deniega.

*El Loco al derecho y
La Justicia al derecho*

Bobo respecto de la justicia.
Situación legal extravagante.
Vago respecto de la ley.

*Justicia al derecho y
El Loco al derecho*

Extravagancia legal.
La ley es vaga.
El tribunal fue indiscreto.

*La Justicia al derecho y
El Loco invertida*

Confusión legal.
El equilibrio es inconsciente.
La justicia está entre dos aguas.

*El Loco al derecho y
La Justicia invertida*

Impetuoso y falso.
Estúpido e ilegal.
Extravagante e injusto.

*La Justicia invertida y
El Loco al derecho*

Ilegal y estúpido.
Injusto e indiscreto.
Falso e impetuoso.

*El Loco invertida y
La Justicia al derecho*

Despreocupado de la justicia.
Confusión acerca de legalismos.
Indeciso acerca de la equidad.

*El Loco invertida y
La Justicia invertida*

Despreocupación y falsedad.
Informal e ilegal.
Inestable e injusto.

*La Justicia invertida y
El Loco invertida*

Ilegal y despreocupado.
Parcial e indeciso.
Falso e informal.

*La Justicia al derecho y
El Diablo al derecho*

Las cuestiones legales causan ira.
La justicia crea resentimiento.
El equilibrio preciso causa celos.

*El Diablo al derecho y
La Justicia al derecho*

Violenta situación legal.
Ira por una cuestión judicial.
Resentimiento ante la ley.

*El Diablo al derecho y
La Justicia invertida*

Ira ante la injusticia.
Violencia injustificada.
Egoísta y falso.

*La Justicia al derecho y
El Diablo invertida*

Frustraciones legales.
Desacuerdo en el tribunal.
Freno a la justicia.

La Justicia invertida y
El Diablo al derecho

Parcial y airado.
Injusto y egoísta.
Injusticia y violencia.

El Diablo invertida y
La Justicia al derecho

Frustraciones acerca de la ley.
Contradicciones en el tribunal.
Engaño en una cuestión legal.

  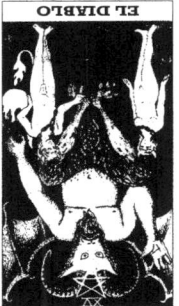 

La Justicia invertida y
El Diablo invertida

Ilegal y engañoso.
Desacuerdos injustos.
La falsedad provoca discordia.

El Diablo invertida y
La Justicia invertida

Frustrado ante la injusticia.
Contradicciones y falsedad.
Disensiones e injusticia.

*El Sol al derecho y
Los Enamorados al derecho*

Asociación afortunada.
Felicidad con una relación.
Combinación productiva.

*Los Enamorados al derecho y
El Sol al derecho*

Los enamorados son felices.
La relación es gratificante.
Combinación afortunada.

*Los Enamorados al derecho y
El Sol invertida*

Se pierde el amor.
Falla una asociación.
Relación fallida.

*El Sol al derecho y
Los Enamorados invertida*

La felicidad se muda en frustración.
Éxito ante la indiferencia.
Separación gratificante.

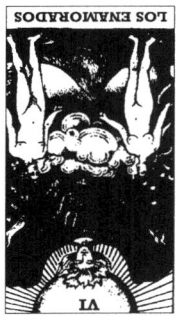   

Los Enamorados invertida y
El Sol al derecho

Desligado pero feliz.
Superación de las frustraciones.
Logro singular.

El Sol invertida y
Los Enamorados al derecho

Separación afortunada.
Logro pese a las frustraciones.
Feliz por no tener ataduras.

El Sol invertida y
Los Enamorados invertida

Pérdida a través de la separación.
Negativo e indiferente.
Fracaso y frustraciones.

Los Enamorados invertida y
El Sol invertida

Separación y pérdida.
Frustrante e insatisfactorio.
Aislado y negativo.

El Emperador al derecho y
El Mago al derecho

Autorizado y proficiente.
Varón protector.
El padre está bien dotado.

El Mago al derecho y
El Emperador al derecho

Inteligente y estable.
Consejero creativo.
Padre proficiente.

El Emperador al derecho y
El Mago invertida

El padre está confuso.
El consejo es negativo.
Un hombre torpe.

El Mago al derecho y
El Emperador invertida

El hombre es informal.
El talento es débil.
Vaga creatividad.

COMBINACIONES DE LOS ARCANOS MAYORES

El Mago invertida y
El Emperador al derecho

Afeminado y protector.
Padre confuso.
Hombre desorganizado.

El Emperador invertida y
El Mago al derecho

Hombre informal.
Inestable aunque ingenioso.
Indeciso acerca de una destreza.

El Mago invertida y
El Emperador invertida

Torpe e informal.
Perplejo e inestable.
Negativo e indeciso.

El Emperador invertida y
El Mago invertida

Inestable y confuso.
Indeciso y desorganizado.
Débil y afeminado.

El Sol al derecho y
La Muerte al derecho

Concluye el éxito.
Cesa la felicidad.
Se pierde el logro.

La Muerte al derecho y
El Sol al derecho

Final del éxito.
Premio final.
Pérdida de la felicidad.

La Muerte al derecho y
El Sol invertida

Final de una pérdida.
Cesar, sin éxito.
Destructivo y negativo.

El Sol al derecho y
La Muerte invertida

Los galardones son lentos.
Prosigue la abundancia.
Éxito estancado.

La Muerte invertida y
El Sol al derecho

Gratificaciones detenidas.
Prolongación del logro.
Éxito lento.

El Sol invertida y
La Muerte al derecho

Fracasado y destructivo.
Fallo y pérdida.
Improductivo, cesa.

El Sol invertida y
La Muerte invertida

Prosigue la pérdida.
Fracaso, tenga cuidado.
Sin gratificación e inactivo.

La Muerte invertida y
El Sol invertida

Lento y fallido.
Estancado e improductivo.
Advertencia de un fracaso.

El Diablo al derecho y
Los Enamorados al derecho

Ira entre amantes.
Celos en las relaciones.
Animosidad en una asociación.

Los Enamorados al derecho y
El Diablo al derecho

La relación experimenta violencia.
Los amantes se enfadan.
Un socio siente envidia.

Los Enamorados al derecho y
El Diablo invertida

Disensión entre amantes.
Frustraciones en la relación.
Un socio engaña.

El Diablo al derecho y
Los Enamorados invertida

Airado e indiferente.
Resentimiento y frustración.
La animosidad suscita la separación.

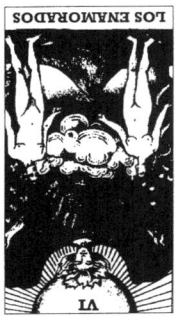   

*Los Enamorados invertida y
El Diablo al derecho*

Desligado y resentido.
Separado y airado.
Frustración y animosidad.

*El Diablo invertida y
Los Enamorados al derecho*

Contradicción con un socio.
Discordia entre amantes.
Desacuerdo en una relación.

   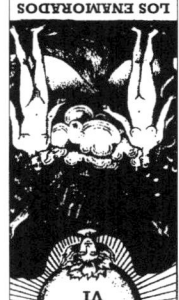

*Los Enamorados invertida y
El Diablo invertida*

Separación y frustración.
Desligado, experimenta la discordia.
Frustrado por el engaño.

*El Diablo invertida y
Los Enamorados invertida*

Discordia acerca de la separación.
Contradicciones, indiferencias.
Los desacuerdos causan frustración.

Los Enamorados al derecho y
La Torre al derecho

Tensión entre amantes.
Una relación perdida.
Se quiebra una asociación.

La Torre al derecho y
Los Enamorados al derecho

La ruina de una relación.
La pérdida de una amante.
Tensión en una asociación.

 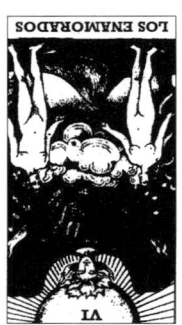  

La Torre al derecho y
Los Enamorados invertida

Tensión y frustración.
Pérdida y separación.
La ruptura suscita indiferencia.

Los Enamorados al derecho y
La Torre invertida

Amantes, cuidado.
Inquietud por la relación.
Asociación hostil.

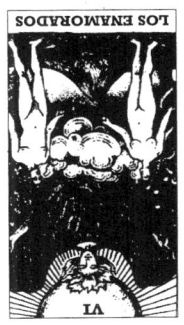

*La Torre invertida y
Los Enamorados al derecho*

Cuidado con una relación.
Preocupación por un amante.
Combinación adversa.

*Los Enamorados invertida y
La Torre al derecho*

Separado y tenso.
Frustración y pérdida.
Solo y angustiado.

*Los Enamorados invertida y
La Torre invertida*

Desligado e inquieto.
Separación, cuidado.
Frustración, contrólese.

*La Torre invertida y
Los Enamorados invertida*

Precaución contra la separación.
Inquietud ante la indiferencia.
Adversidades y frustraciones.

*La Emperatriz al derecho y
El Sol al derecho*

Productivo y gratificante.
Fructífero y abundante.
Fértil y eficaz.

*El Sol al derecho y
La Emperatriz al derecho*

Feliz y fértil.
Eficaz y productivo.
Gratificante y fructífero.

*El Sol al derecho y
La Emperatriz invertida*

Los premios no dan fruto.
No llega el logro.
El éxito no es productivo.

*La emperatriz al derecho y
El Sol invertida*

Falla la fertilidad.
La producción es negativa.
Fracasa la creación.

    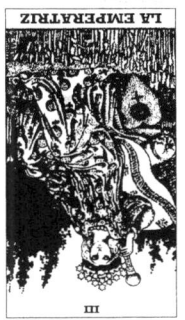 

*El Sol invertida y
La Emperatriz al derecho*

No consigue ser productivo.
Creatividad negativa.
Fertilidad inútil.

*La Emperatriz invertida y
El Sol al derecho*

No logra el éxito.
Premios que no acaban de llegar.
Logro infructuoso.

 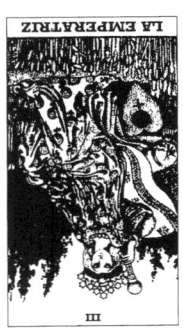   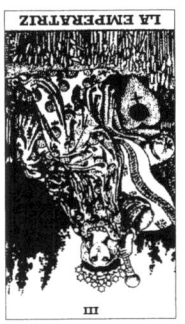 

*El Sol invertida y
La Emperatriz invertida*

Pérdida, improductiva.
Fallido, yermo.
Negativo, infructuoso.

*La Emperatriz invertida y
El Sol invertida*

Estéril, improductivo.
Infértil, negativo.
Durmiente, sin premio.

El Colgado al derecho y
El Ermitaño al derecho

Una pausa para reflexionar.
Soledad limitada.
Guía limitada.

El Ermitaño al derecho y
El Colgado al derecho

Cesa la soledad.
Reflexión limitada.
Guía interrumpida.

El Ermitaño al derecho y
El Colgado invertida

La guía aporta progreso.
Progresa el pensamiento.
Mejora la reflexión.

El Colgado al derecho y
El Ermitaño invertida

Limitado por culpa de una guía negativa.
Detener al recluso.
Aislamiento limitado.

El Colgado invertida y
El Ermitaño al derecho

Aproximación a la guía.
Avance en el pensamiento.
Mejorías a través de un examen de conciencia.

El Ermitaño invertida y
El Colgado al derecho

Cesa la guía negativa.
Solo y limitado.
Concluye el aislamiento.

El Colgado invertida y
El Ermitaño invertida

Acción basada en guía negativa.
Progreso solitario.
Aproximación a la reclusión.

El Ermitaño invertida y
El Colgado invertida

Retirado de la acción.
Mejora la reclusión.
Guía negativa en el progreso.

*La Luna al derecho y
La Templanza al derecho*

Cautela, templanza.
Cuidado, modérese.
Riesgo, busque una alternativa.

*La Templanza al derecho y
La Luna al derecho*

Moderación, cuidado.
Limitación, oscuridad.
Necesita alternativa, riesgo.

*La Luna al derecho y
La Templanza invertida*

Cautela, indulgencia.
Cuidado con el exceso.
(Bebida/drogas.)
Riesgo de abuso.

*La Templanza al derecho y
La Luna invertida*

Necesita equilibrio, inestabilidad.
Necesita alternativa.
Inseguridad.
Moderación, tenga cautela.

La Luna invertida y
La Templanza al derecho

Cautela, moderación.
Engañoso, busque una alternativa.
Inconsistente, necesita equilibrio.

La Templanza invertida y
La Luna al derecho

La indulgencia es peligrosa.
Abuso, cuidado.
Exceso, tenga cautela.

La Luna invertida y
La Templanza invertida

Informal y desequilibrado.
Inestable y excesivo.
Cautela contra la indulgencia.

La Templanza invertida y
La Luna invertida

Exceso, cautela.
Glotonería, cuidado.
El abuso es engañoso.

El Juicio al derecho y
La Estrella al derecho

Renovación con esperanza.
Cambio con perspectivas.
Alteración del destino.

La Estrella al derecho y
El Juicio al derecho

Oportunidades renovadas.
Las esperanzas cambian.
El destino cambia.

La Estrella al derecho y
El Juicio invertida

El destino se halla estancado.
Oportunidad detenida.
Las perspectivas no cambian.

El Juicio al derecho y
La Estrella invertida

El cambio es inesperado.
Transferencia abandonada.
Las alteraciones son desfavorables.

El Juicio invertida y
La Estrella al derecho

Destino inmutable.
Siga esperanzado.
Oportunidades detenidas.

La Estrella invertida y
El Juicio al derecho

Cambio inesperado.
Alteraciones desfavorables.
Abandone las alteraciones.

La Estrella invertida y
El Juicio invertida

Derroche, alto.
Subsiste la pérdida.
Abandone, anticuado.

El Juicio invertida y
La Estrella invertida

Sigue siendo desfavorable.
Anticuado, abandone.
El estancamiento suscita derroche.

*La Fuerza al derecho y
El Mundo al derecho*

La fuerza está asegurada.
La energía es positiva.
La fuerza es evidente.

*El Mundo al derecho y
La Fuerza al derecho*

Seguro y poderoso.
Fuerza eficaz.
Energía positiva.

*El Mundo al derecho y
La Fuerza invertida*

La certidumbre vacila.
La seguridad se debilita.
Los premios no llegan.

*La Fuerza al derecho y
El Mundo invertida*

Poder perdido.
La energía es insegura.
La fuerza es incierta.

*El Mundo invertida y
La Fuerza al derecho*

Poder incierto.
Fuerza negativa.
Pérdida de energía.

*La Fuerza invertida y
El Mundo al derecho*

La debilidad se transforma en certidumbre.
Aletargado pero positivo.
Éxito vacilante.

  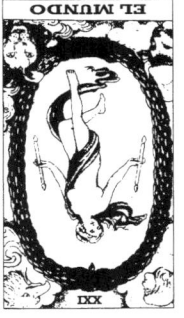 

*La Fuerza invertida y
El Mundo invertida*

Débil e incierto.
Aletargado y negativo.
Frágil e inseguro.

*El Mundo invertida y
La Fuerza invertida*

Pérdida de poder.
Inseguro y débil.
Negativo e inactivo.

 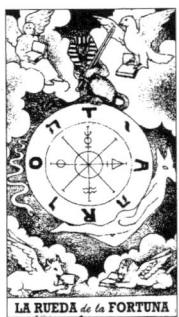 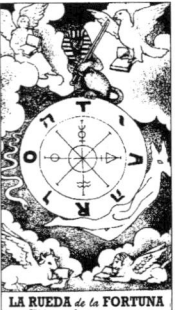 

La Sacerdotisa al derecho y
La Rueda de la Fortuna al derecho

Dirección desconocida.
Cambio misterioso.
Destino secreto.

La Rueda de la Fortuna al derecho y
la Sacerdotisa al derecho

Destino desconocido.
Dirección misteriosa.
Oportunidad para una mujer.

 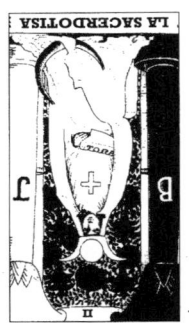  

La Rueda de la Fortuna al derecho y
La Sacerdotisa invertida

Falso cambio.
Futuro infiel.
Dirección engañosa.

La Sacerdotisa al derecho y
La Rueda de la Fortuna invertida

El destino desconocido.
Mujer sin motivación.
Demoras misteriosas.

  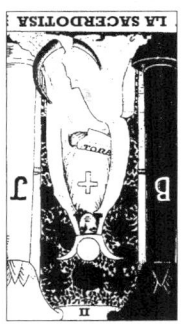 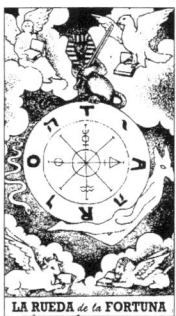

*La Rueda de la Fortuna invertida y
La Sacerdotisa al derecho*

Retrasado por un misterio.
Mujer sin motivación.
Destino ignoto.

*La Sacerdotisa invertida y
La Rueda de la Fortuna al derecho*

Falsa dirección.
Cambio engañoso.
Infiel acerca del futuro.

 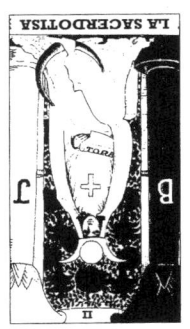 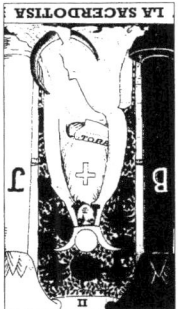 

*La Rueda de la Fortuna invertida y
La Sacerdotisa invertida*

Chismorreo negativo.
Aplazamientos y falsedad.
Feministas sin motivación.

*La Sacerdotisa invertida y
La Rueda de la Fortuna invertida*

Falsas demoras.
Inseguro y débil.
Infiel y sin motivación.

La Fuerza al derecho y
El Diablo al derecho

Ira poderosa.
Intensa envidia.
Fuerza y violencia.

El Diablo al derecho y
La Fuerza al derecho

El resentimiento es fuerte.
Energía violenta.
Egoísmo intenso.

La Fuerza al derecho y
El Diablo invertida

Grandes desacuerdos.
Frustraciones poderosas.
Fuerte limitación.

El Diablo al derecho y
La Fuerza invertida

Ira debilitante.
Envidia vacilante.
Violencia inactiva.

*La Fuerza invertida y
El Diablo al derecho*

Debilitamiento por ira.
Animosidad vacilante.
Resentimiento inactivo.

*El Diablo invertida y
La Fuerza al derecho*

Fuertes desacuerdos.
Discordia acuciante.
Engaño intenso.

 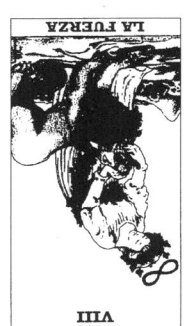  

*El Diablo invertida y
La Fuerza invertida*

Frustrado y aletargado.
La discordia vacila.
El engaño está inactivo.

*La Fuerza invertida y
El Diablo invertida*

Impotente y frustrado.
Desacuerdo débil.
Vacilando en el engaño.

La Justicia al derecho y
La Muerte al derecho

Concluye la cuestión legal.
Concluye la equidad.
Cesa la justicia.

La Muerte al derecho y
La Justicia al derecho

Final de una materia legal.
Final de un proceso.
Pérdida de la justicia.

La Muerte al derecho y
La Justicia invertida

Final de un sesgo.
Cesa la falsedad.
Injusticia final.

La Justicia al derecho y
La Muerte invertida

La justicia prosigue.
Los tribunales son lentos.
Las cuestiones legales se hallan estancadas.

*La Justicia invertida y
La Muerte al derecho*

Concluye la injusticia.
La falsedad es destructiva.
Termina el sesgo.

*La Muerte invertida y
La Justicia al derecho*

Continuación de un proceso judicial.
Lento en el logro de la justicia.
Advertencia de una cuestión legal.

*La Muerte invertida y
La Justicia invertida*

Continuación de la falsedad.
Advertencia de una injusticia.
Lento e injusto.

*La Justicia invertida y
La Muerte invertida*

Ilegal, cuidado.
Prosigue la parcialidad.
Desigual y estancado.

El Juicio al derecho y
La Torre al derecho

Los trastornos crean tensión.
Cambio que destruye.
Pérdida de la transferencia.

La Torre al derecho y
El Juicio al derecho

Cambio destructivo.
La tensión varía.
Angustia por los trastornos.

La Torre al derecho y
El Juicio invertida

La tensión subsiste inalterada.
Alto a la destrucción.
Subsiste la angustia.

El Juicio al derecho y
La Torre invertida

Cambios, tenga cuidado.
La renovación aporta inquietud.
Trastornos, cautela.

*La Torre invertida y
El Juicio al derecho*

Cuidado, cambios.
Precaución contra los trastornos.
La limitación varía.

*El Juicio invertida y
La Torre al derecho*

Renovación, cuidado.
El cambio es adverso.
Inquieta la mudanza.

*El Juicio invertida y
La Torre invertida*

Adversidad sin cambios.
Deje de preocuparse.
Estancamiento, cautela.

*La Torre invertida y
El Juicio invertida*

Inquietudes anticuadas.
Cautela, alto.
Las adversaciones persisten incólumes.

El Diablo al derecho y
El Juicio al derecho

La ira cambia.
La envidia varía.
La violencia crea trastornos.

E Juicio al derecho y
El Diablo al derecho

El cambio crea resentimiento.
Violencia renovada.
La ira varía.

El Juicio al derecho y
El Diablo invertida

El cambio es frecuente.
Los trastornos crean restricciones.
La transferencia suscita discordia.

El Diablo al derecho y
El Juicio invertida

Alto a la ira.
Subsiste el resentimiento.
El egoísmo permanece inmutable.

El Juicio invertida y
El Diablo al derecho

Ira estancada.
Alto a la envidia.
Violencia inmutable.

El Diablo invertida y
El Juicio al derecho

Cambia la discordia.
Varía el engaño.
Desacuerdos y trastornos.

El Diablo invertida y
El Juicio invertida

Subsiste la frustración.
Las contradicciones persisten.
Alto a los desacuerdos.

El Juicio invertida y
El Diablo invertida

Sigue siendo engañoso.
Desacuerdos inalterados.
Alto a la frustración.

*La Luna al derecho y
Los Enamorados al derecho*

Cautela con una relación.
Asociación peligrosa.
Amante engañoso.

*Los Enamorados al derecho y
La Luna al derecho*

Amantes, cuidado.
La Asociación es engañosa.
La relación es caprichosa.

*La Luna al derecho y
Los Enamorados invertida*

La arbitrariedad crea frustración.
Riesgo de separación.
El engaño crea indiferencia.

*Los Enamorados al derecho y
La Luna invertida*

Amante informal.
La relación es inestable.
Socio engañoso.

  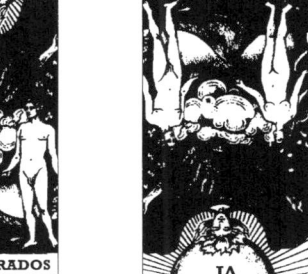 

La Luna invertida y
Los Enamorados al derecho

Combinación inestable.
Cautela con una relación.
Apego engañoso.

Los Enamorados invertida y
La Luna al derecho

Desligado y caprichoso.
Separación, cuidado.
Frustración, tenga cuidado.

 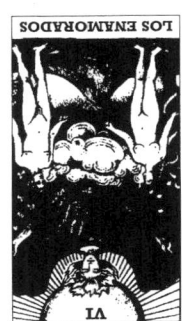 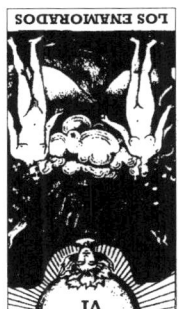 

La Luna invertida y
Los Enamorados invertida

Inestable e indiferente.
Informal, aislado.
Engañoso y frustrante.

Los Enamorados invertida y
La Luna invertida

Frustraciones, cautela.
Indiferente e inconsecuente.
Separación por culpa del engaño.

El Sol al derecho y
El Loco al derecho

Feliz y despreocupado.
La gratificación es vaga.
Eficaz, pero extravagante.

El Loco al derecho y
El Sol al derecho

Premios extravagantes.
Despreocupado y productivo.
Estúpido, pero eficaz.

El Sol al derecho y
El Loco invertida

Feliz, pero confuso.
El premio es inconsistente.
El logro no está decidido.

El Loco al derecho y
El Sol invertida

La extravagancia suscita pérdida.
Indiscreto y negativo.
Vago y por eso fallido.

El Sol invertida y
El Loco al derecho

Pérdida por culpa de la extravagancia.
Ineficaz e impetuoso.
Negativo y estúpido.

El Loco invertida y
El Sol al derecho

Despreocupado, pero feliz.
Éxito inseguro.
Producción inestable.

El Loco invertida y
El Sol invertida

Despreocupado e improductivo.
Informal y negativo.
Inestable y sin gratificación.

El Sol invertida y
El Loco invertida

Negativo e indeciso.
Improductivo e inestable.
Fallo por descuido.

*Los Enamorados al derecho y
El Sumo Sacerdote al derecho*

Los Enamorados contraen matrimonio.
Consentimiento de los socios.
La relación consigue aprobación.

*El Sumo Sacerdote al derecho y
Los Enamorados al derecho*

Aprobación de una relación.
Aprobación de un socio.
Matrimonio con un amante.

  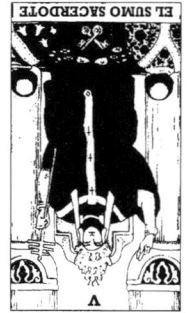

*El Sumo Sacerdote al derecho y
Los Enamorados invertida*

Frustraciones en el matrimonio.
Aprobación de la separación.
La relación es indiferente.

*Los Enamorados al derecho y
El Sumo Sacerdote invertida*

Rechazo de un amante.
Desaprobación de un socio.
Ruptura de una relación.

  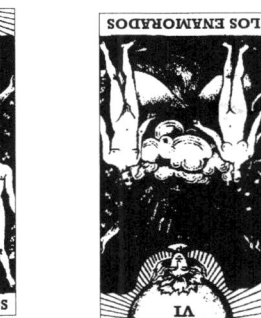 

*El Sumo Sacerdote invertida y
Los Enamorados al derecho*

Los amantes no están casados.
Abandono de un socio.
Desaprobación de una relación.

*Los Enamorados invertida y
El Sumo Sacerdote al derecho*

Indiferente en una relación.
Aprobación singular.
Ruptura de un matrimonio.

*El Sumo Sacerdote invertida y
Los Enamorados invertida*

La separación crea frustración.
Desaprobación de una separación.
El rechazo crea indiferencia.

*Los Enamorados invertida y
El Sumo Sacerdote invertida*

Desligado y soltero.
Indiferente ante una separación.
La frustración crea desaprobación.

TERCERA PARTE

Los Arcanos Menores

En esta sección examinaremos los Arcanos Menores, que a veces denominamos palos. Hay cuatro palos: Bastos, Copas, Espadas y Oros. Las cartas son definidas en parejas, y cada par se combina en dos naipes al derecho, dos invertidos y uno al derecho y otro invertido. Al final de cada palo operaremos con combinaciones aleatorias, y de esa manera podremos empezar a ver cómo la energía del palo correspondiente contribuye a explicar la historia revelada por las cartas.

Mientras estudie los cuatro palos, tenga en cuenta que representan ciertas energías:

Bastos = Acción, ocupación, trabajo.
Copas = Sentido, sentimientos, afecto.
Espadas = Dificultades, fatiga, crisis.
Oros = Finanzas, riqueza, ingresos.

Emplee estas definiciones cuando lea las diferentes combinaciones de los naipes.

Rey de Bastos

Al derecho

Masculino.
Edad: más de 35.
Pelo: Rojo, rubio o gris.
Ojos: Azules o grises.
Profesional.
Merece confianza.
Honrado.
Orientado a su trabajo.
Consciente.
Buen consejero económico.

Invertida

Masculino.
Edad: más de 35.
Pelo: Rojo, rubio o gris.
Ojos: Azules o grises.
Informal.
Sin motivación.
Perezoso.
Necesita orientación.
Indigno de confianza.
Negativo.

Reina de Bastos

Al derecho

Femenina.
Edad: más de 20.
Pelo: Rojo, rubio o gris.
Ojos: Azules o grises.
Sagaz trabajadora.
Consciente.
Profesional.
Merece confianza.
Honrada.
Orientada a su trabajo.

Invertida

Femenina.
Edad: más de 20.
Pelo: Rojo, rubio o gris.
Ojos: Azules o grises.
Indigna de confianza.
Insconciente.
Sin motivación.
Negativa.
Perezosa.
Necesita orientación.

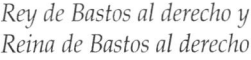

*Rey de Bastos al derecho y
Reina de Bastos al derecho*

Hombre y mujer (de su descripción).
Hombre profesional; mujer profesional.
Hombre fiable; mujer fiable.
Hombre honrado; mujer honrada.
Hombre consciente; mujer consciente.
Consejero económico bueno y honrado.

 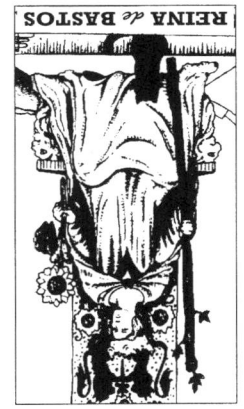

*Rey de Bastos invertida y
Reina de Bastos invertida*

Mujer y hombre (de su descripción).
Hombre sin motivación; mujer indigna de confianza.
Hombre informal; mujer informal.
Hombre perezoso; mujer sin motivación.
Ambos carecen de orientación.
Hombre negativo; mujer perezosa.
Indigno de confianza; negativo.

 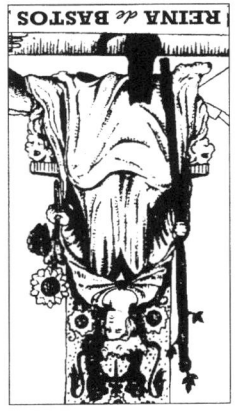

*Rey de Bastos al derecho y
Reina de Bastos invertida*

Hombre y mujer (de su descripción).
Hombre profesional; mujer sin motivación.
Hombre consciente; mujer informal.
Hombre fiable; mujer indigna de confianza.
Hombre honrado; mujer negativa.
Orientado al trabajo, pero requiere guía.

Caballo de Bastos

Al derecho

Masculino.
Edad: 20-35.
Pelo: Rojo, arenoso o rubio.
Ojos: Azules o grises.
Vehemente.
Resuelto.
Positivo.
Don de mando.
Viaje.

Invertida

Masculino.
Edad: 20-35.
Pelo: Rojo, arenoso o rubio.
Ojos: Azules o grises.
Caprichoso.
Torpe.
Ocioso.
Indolente.
Rebelde.

Sota de Bastos

Al derecho

Hombre o mujer.
Edad: 0-20.
Pelo: Rojo, arenoso o rubio.
Ojos: Azules o grises.
Audaz.
Resuelto.
Activo.
Ambicioso.
Diestro.
Líder.

Invertida

Mujer u hombre.
Edad: 0-20.
Pelo: Rojo, arenoso o rubio.
Ojos: Azules o grises.
Introvertido.
Hosco.
Reservado.
Perezoso.
Tímido.
Desmañado.

*Caballo de Bastos al derecho y
Sota de Bastos al derecho*

Hombre y mujer jóvenes (de su descripción).
Vehemente y audaz.
Resuelto y activo.
Positivo y ambicioso.
Viaje de un joven.
Trabajo retador para un joven.

 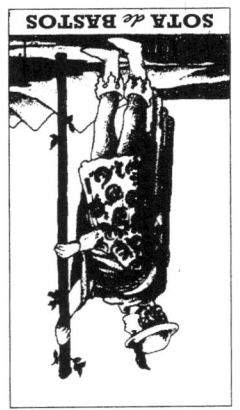

*Caballo de Bastos invertida y
Sota de Bastos invertida*

Mujer y hombre jóvenes (de su descripción).
Caprichoso e introvertido.
Torpe y perezoso.
Indiferente y reservado.
Rebelde y hosco.
Ocioso y tímido.

 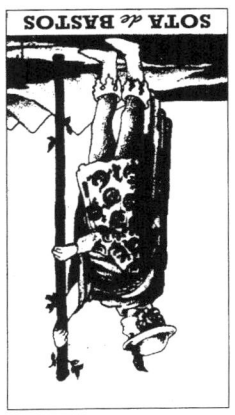

*Caballo de Bastos al derecho y
Sota de Bastos invertida*

Hombre y mujer jóvenes (de su descripción).
Hombre joven y positivo (de su descripción) con una actitud hosca.
Viaje reservado.
El jefe es tímido.
Vehemente y desmañado.
Resuelto, pero introvertido.

As de Bastos

Al derecho

Nacimiento.
Nuevo.
Principio.
Comienzo.
Cambio.
Inicio.

Invertida

Final.
Cese.
Fracaso.
Caída.
Ruina.
Conclusión.

Dos de Bastos

Al derecho

Ganancia.
Proyecto.
Éxito.
Objetivo.
Logro.
Realización.

Invertida

Dificultades.
Perturbación.
Frustración.
Obstáculos.
Adversidades.
Infructuoso.

*As de Bastos al derecho y
Dos de Bastos al derecho*

Comienzo de un proyecto.
Inicio de un objetivo.
Nuevo éxito.
Cambio de objetivos.
Comienzo de un logro.
Principio de una realización.

*As de Bastos invertida y
Dos de Bastos invertida*

Cese, obstáculos.
Fracaso, dificultades.
Caída, sin éxito.
Final de las frustraciones.
Conclusión de adversidades.
Ruina por culpa de una perturbación.

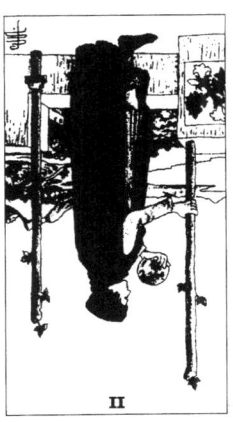

*As de Bastos al derecho y
Dos de Bastos invertida*

Nuevos obstáculos.
Principio de una perturbación.
Comienzo de frustraciones.
Inicio de adversidades.
Nuevas dificultades.
Cambio, sin éxito.

Tres de Bastos

Al derecho

Logro.
Éxito.
Realización.
Trato.
Ventaja.
Logro.

Invertida

Fallido.
Incompleto.
Fracaso.
Perjudicado.
Ineficaz.
Fútil.

Cuatro de Bastos

Al derecho

Felicidad.
Júbilo.
Celebraciones.
Satisfacción.
Placer.
Armonía.

Invertida

Tranquilo.
Paz.
Calma.
Sereno.
Contento.
Satisfecho.

*Tres de Bastos al derecho y
Cuatro de Bastos al derecho*

Logro y felicidad.
Éxito y júbilo.
Realización y celebraciones.
Satisfacción por el trato.
Una ventaja aporta placer.
Consecución y armonía.

*Tres de Bastos invertida y
Cuatro de Bastos invertida*

Paz sin éxito.
Calma incompleta.
Satisfacción fallida.
En desventaja para sentirse contento.
Tranquilidad ineficaz.
Es inútil permanecer sereno.

*Tres de Bastos al derecho y
Cuatro de Bastos invertida*

Logro y tranquilidad.
Éxito y paz.
Realización y serenidad.
Trato tranquilo.
La ventaja es satisfactoria.
El logro satisface.

Cinco de Bastos

Al derecho

Conflicto.
Lucha.
Resistencia.
Desacuerdo.
Pugna.
Disputas.

Invertida

Acuerdo.
Conciliación.
Amistad.
Pacífico.
Transacción.
Sumisión.

Seis de Bastos

Al derecho

Victoria.
Triunfo.
Éxito.
Completado.
Aclamado.
Gratificante.

Invertida

Demoras.
Sin éxito.
Insatisfactorio.
Problemas.
Pérdida.
Ruina.

*Cinco de Bastos al derecho y
Seis de Bastos al derecho*

Conflicto y luego victoria.
Luchar para triunfar.
Resistirse al éxito.
Concluidos los desacuerdos.
Pugna y luego éxito.
Las disputas son superadas.

*Cinco de Bastos invertida y
Seis de Bastos invertida*

Acuerdos diferidos.
Conciliación insatisfactoria.
Se pierde la amistad.
La paz fracasa.
La transacción quebrada.
La sumisión crea problemas.

*Cinco de Bastos al derecho y
Seis de Bastos invertida*

Conflicto y aplazamientos.
Pugnas y problemas.
Resistirse a la pérdida.
El desacuerdo aporta resultados insatisfactorios.
La lucha conduce a la ruina.
Las disputas no tienen éxito.

Siete de Bastos

Al derecho

Ventaja.
Fuerza.
Valor.
Resistencia.
Contender.
Éxito.

Invertida

Desventaja.
Oposición.
Obstáculos.
Derrota.
Fracaso.
Retrocesos.

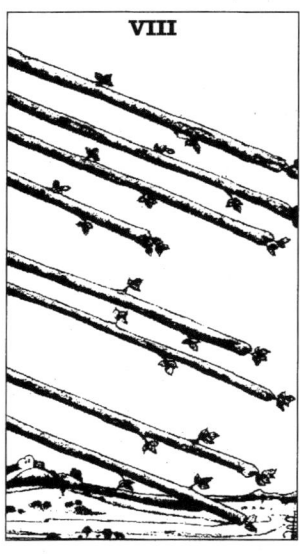

Ocho de Bastos

Al derecho

Fuga.
Viaje.
Apresuramiento.
Movimiento.
Acción.
Actividad.

Invertida

Inmóvil.
Inactivo.
Estancamiento.
Durmiente.
Demora.
Lento.

 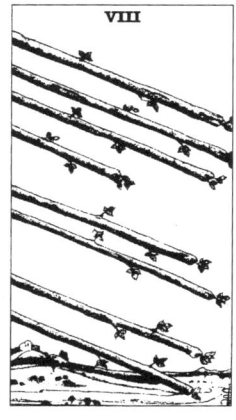

*Siete de Bastos al derecho y
Ocho de Bastos al derecho*

Ventaja con el viaje.
Fuerza en movimiento.
Valor con la fuga.
Rechazar un viaje.
Contender con actividades.
Acción eficaz.

 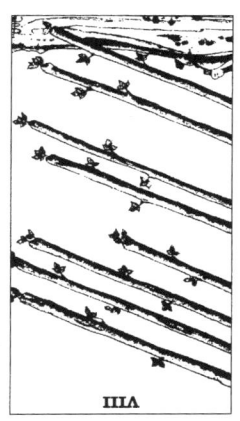

*Siete de Bastos invertida y
Ocho de Bastos invertida*

Retrocesos y demoras.
Las desventajas crean retrasos.
La oposición conduce a la inactividad.
Los fallos suscitan interrupciones.
Los obstáculos crean estancamiento.
Derrota por obra de la inactividad.

 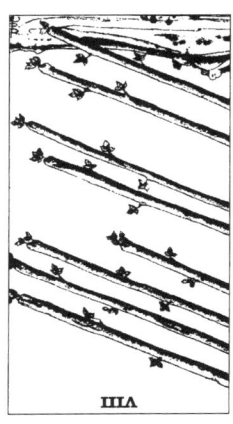

*Siete de Bastos al derecho y
ocho de Bastos invertida*

La ventaja es lenta.
La fuerza está inactiva.
El valor carece de movimiento.
La resistencia se ha estancado.
Contender con las demoras.
El éxito no determina actividad.

Nueve de Bastos

Al derecho

Defensivo.
Aprensivo.
Cauteloso.
Atento.
Precavido.
Espantado.

Invertida

Temeroso.
Despreocupado.
amedrentado.
Desprevenido.
Descuidado.
Desatento.

Diez de Bastos

Al derecho

Opresión.
Cargas.
Presión.
Dificultades.
Obstáculos.
Trabajo.

Invertida

Alivio.
Desahogo.
Aligerar.
Simple.
Comodidades.
Placer.

*Nueve de Bastos al derecho y
Diez de Bastos al derecho*

Defensivo y oprimido.
Aprensivo de las cargas.
Manténgase alerta, dificultades.
Cautela contra las opresiones.
Temeroso de los obstáculos.
Miedo a un trabajo difícil.

*Nueve de Bastos invertida y
Diez de Bastos invertida*

Temeroso del alivio.
Despreocupado y simple.
Miedo al placer.
No está preparado para el desahogo.
Desdén por las comodidades.
Desatento al aligeramiento de las cargas.

*Nueve de Bastos al derecho y
Diez de Bastos invertida*

Se defiende del desahogo.
Aprensión de las comodidades.
Precavido ante los placeres.
Atento a simplificar.
Precavido ante el aligeramiento de las cargas.
Miedo al desahogo.

Rey de Bastos al derecho y
As de Bastos al derecho

Varón (de su descripción) comienza una carrera/empleo nuevo.
Cambio profesional.
Varón (de su descripción) empieza de nuevo.

As de Bastos al derecho y
Rey de Bastos al derecho

Cambios para este hombre (de su descripción).
Nuevo hombre (de su descripción).
Este hombre inicia un nuevo negocio o carrera.

 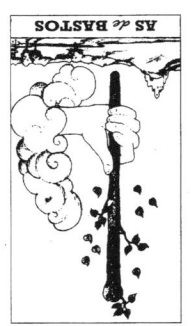  

Rey de Bastos al derecho y
As de Bastos invertida

Varón (de su descripción) al final de su trabajo/carrera.
Concluye la profesión.
Falla un consejo económico.

As de Bastos al derecho y
Rey de Bastos invertida

Comienza a no ser fiable.
Inicio de negatividad.
El nuevo hombre no merece confianza.

Rey de Bastos invertida y
As de Bastos al derecho

Comienzo informal.
Cambio indigno de confianza.
Inicio perezoso.

As de Bastos invertida y
Rey de Bastos al derecho

Final de la profesión (para este hombre de su descripción).
Deja de ser fiable.
Fracaso de este hombre.

As de Bastos invertida y
Rey de Bastos invertida

Fracaso, necesita orientación.
Deja de carecer de motivación.
Deja de ser perezoso.

Rey de Bastos invertida y
As de Bastos invertida

Informal, cese.
La negatividad crea un fallo.
La pereza arruina la carrera.

As de Bastos al derecho y
Cuatro de Bastos al derecho

Nuevo placer.
Comienzo de una armonía.
Inicio de la felicidad.

IV de Bastos al derecho y
As de Bastos al derecho

Celebración de un nacimiento.
Cambios afortunados.
Principio satisfactorio.

As de Bastos al derecho y
Cuatro de Bastos invertida

Comienzo de serenidad.
Principio de la tranquilidad.
Inicio de la paz.

Cuatro de Bastos al derecho y
As de Bastos invertida

Acaba la felicidad.
Celebración frustrada.
Cesa el placer.

Cuatro de Bastos invertida y
As de Bastos al derecho

Comienzo tranquilo.
Cambio la calma.
Satisfacción con una nueva carrera.

As de Bastos invertida y
Cuatro de Bastos al derecho

Termina la felicidad.
Cancelación de una celebración.
Deja de ser satisfactorio.

 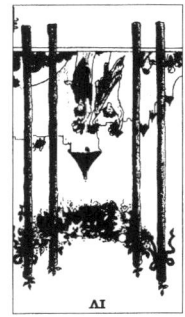  

As de Bastos invertida y
Cuatro de Bastos invertida

Final de la tranquilidad.
Deja de aportar satisfacción.
No logra satisfacer.

Cuatro de Bastos invertida y
As de Bastos invertida

La alegría arruinada.
Termina la serenidad.
Concluye la calma.

As de Bastos al derecho y *Cinco de Bastos al derecho y*
Cinco de Bastos al derecho *As de Bastos al derecho*

Comienzo de un conflicto. Empieza la lucha.
Nuevas pugnas. Los desacuerdos suscitan un cambio.
Se inician las disputas. Principian las pugnas.

Cinco de Bastos al derecho y *As de Bastos al derecho y*
As de Bastos invertida *Cinco de Bastos invertida*

Concluyen las pugnas. Comienzo de una amistad.
Cesan los desacuerdos. Nuevo acuerdo.
Termina el conflicto. Comienzo de una conciliación.

As de Bastos invertida y
Cinco de Bastos al derecho

Final del conflicto.
Término de las pugnas.
Ruina entre los desacuerdos.

Cinco de Bastos invertida y
As de Bastos al derecho

Empieza la conciliación.
Se inicia la sumisión.
La transacción aporta un cambio.

  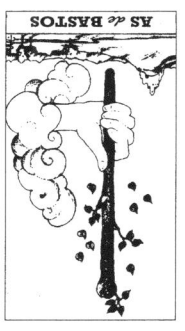 

Cinco de Bastos invertida y
As de Bastos invertida

Final de una amistad.
Fracasa la transacción.
Cesan los acuerdos.

As de Bastos invertida y
Cinco de Bastos invertida

Deja de ser pacífico.
Desaparición de una amistad.
Término de la sumisión.

*Reina de Bastos al derecho y
Nueve de Bastos al derecho*

Una mujer (de su descripción) siente miedo.
Consciente, pero aprensiva.
Requiere atención el sector profesional.

*Nueve de Bastos al derecho y
Reina de Bastos al derecho*

Mujer termerosa (de su descripción).
Mujer aprensiva.
Esa mujer ha de tener cautela en su profesión.

*Nueve de Bastos al derecho y
Reina de Bastos invertida*

Temor, requiere orientación.
A la defensiva y carente de motivación.
Cautela, mujer informal.

*Reina de Bastos al derecho y
Nueve de Bastos invertida*

Una mujer despreocupada.
Una profesional que no presta atención.
Honrada pero negligente.

Reina de Bastos invertida y
Nueve de Bastos al derecho

No merece confianza y se pone a la defensiva.
Negativa y temerosa.
perezosa y cautelosa.

Nueve de Bastos invertida y
Reina de Bastos al derecho

Mujer temerosa (de su descripción).
Mujer negligente.
Profesional despreocupada.

Reina de Bastos invertida y
Nueve de Bastos invertida

Perezosa y negligente.
Informal y despreocupada.
No merece confianza ni presta atención.

Nueve de Bastos invertida y
Reina de Bastos invertida

Temerosa, necesita orientación.
Descuidada y perezosa.
Negligente e informal.

*Tres de Bastos al derecho y
Caballo de Bastos al derecho*

Logro de un varón joven (de su descripción).
Un trato que ofrece un reto.
Éxito con dotes de mando.

*Caballo de Bastos al derecho y
Tres de Bastos al derecho*

Triunfará un varón joven (de su descripción).
El reto de un trato.
Será ventajoso el viaje relativo al trabajo.

 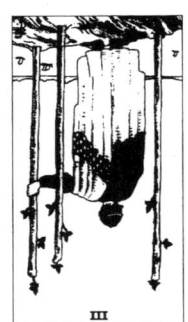  

*Caballo de Bastos al derecho y
Tres de Bastos invertida*

El viaje no tiene éxito.
El reto es fútil.
La dirección es ineficaz.

*Tres de Bastos al derecho y
Caballo de Bastos invertida*

El trato es inútil.
El logro es indiferente.
Triunfante aunque torpe.

*Caballo de Bastos invertida y
Tres de Bastos al derecho*

Éxito casual.
Rebelde respecto de un trato.
Torpe pero aventajado.

*Tres de Bastos invertida y
Caballo de Bastos al derecho*

Viaje incompleto.
Reto sin éxito.
Fallo en el mando.

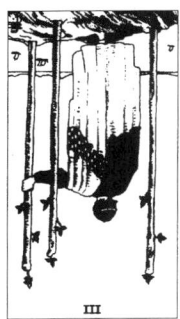   

*Tres de Bastos invertida y
Caballo de Bastos invertida*

En desventaja por torpe.
Inútil y ocioso.
Sin éxito; harto indolente.

*Caballo de Bastos invertida y
Tres de Bastos invertida*

Torpe e inútil.
Ocioso e ineficaz.
La actitud de indiferencia suscita el fracaso.

Rey de Bastos al derecho y
Diez de Bastos al derecho

Hombre (de su descripción).
Oprimido por el duro trabajo.
Dificultades profesionales.
Trabajador consciente.

Diez de Bastos al derecho y
Rey de Bastos al derecho

Obstáculo ante un hombre (de su descripción).
Dificultades de una carrera.
Presión en los negocios.

Diez de Bastos al derecho y
Rey de Bastos invertida

Dificultades, necesita orientación.
Obstáculos por culpa de la pereza.
Opresivo e informal.

Rey de Bastos al derecho y
Diez de Bastos invertida

Un buen consejo económico aporta alivio.
Honrado y sencillo.
Un hombre proporciona consuelo.

Rey de Bastos invertida y
Diez de Bastos al derecho

Informal y difícil.
Un hombre indigno de confianza crea dificultades.
Perezoso y oprimido.

Diez de Bastos invertida y
Rey de Bastos al derecho

Alivio gracias a un buen consejo económico.
Carrera profesional cómoda.
Placer para este hombre.

Diez de Bastos invertida y
Rey de Bastos invertida

El consuelo es incierto.
El placer es negativo.
El desahogo no merece confianza.

Rey de Bastos invertida y
Diez de Bastos invertida

Placer en el que no confiar.
Alivio inseguro.
Perezosas comodidades.

*Cuatro de Bastos al derecho y
Reina de Bastos al derecho*

Felicidad para esta mujer (de su descripción).
Satisfacción con una profesión.
Armonía a través de la confianza.

*Reina de Bastos al derecho y
Cuatro de Bastos al derecho*

La mujer es feliz.
La profesional encuentra placer (en su trabajo).
La mujer se sentirá satisfecha en una situación (laboral).

*Reina de Bastos al derecho y
Cuatro de Bastos invertida*

La mujer está satisfecha.
Profesionalmente satisfecha.
La honradez suscita paz.

*Cuatro de Bastos al derecho y
Reina de Bastos invertida*

Feliz con su pereza.
La celebración es insegura.
La satisfacción es negativa.

*Cuatro de Bastos invertida y
Reina de Bastos al derecho*

Profesional satisfecha.
Serena y digna de confianza.
Contenta con su carrera.

*Reina de Bastos invertida y
Cuatro de Bastos al derecho*

Celebración insegura.
Necesita orientación para ser feliz.
Placer negativo.

  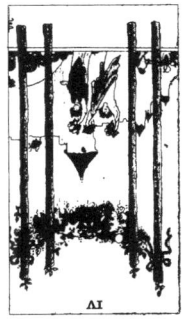 

*Reina de Bastos invertida y
Cuatro de Bastos invertida*

Tranquilidad insegura.
Perezosa pero serena.
Contento negativo.

*Cuatro de Bastos invertida y
Reina de Bastos invertida*

Satisfacción con la pereza.
Contenta con ser negativa.
Paz incierta.

*Sota de Bastos al derecho y
Siete de Bastos al derecho*

Joven (chico o chica según descripción) muestra gran valor.
Ambicioso y con éxito.
Fuerza resuelta.

*Siete de Bastos al derecho y
Sota de Bastos al derecho*

Se resiste a ser audaz.
Líder con éxito.
Valiente y ambicioso.

*Sota de Bastos al derecho y
Siete de Bastos invertida*

Oposición resuelta.
Derrota diestra.
Fracasa en el mando.

*Siete de Bastos al derecho y
Sota de Bastos invertida*

Contiende, siendo introvertido.
Se resiste a ser perezoso.
Valor para superar la timidez.

*Sota de Bastos invertida y
Siete de Bastos al derecho*

Tímido, pero contendiente.
Introvertido, pero valiente.
Reservado, pero con éxito.

*Siete de Bastos invertida y
Sota de Bastos al derecho*

En desventaja, pero resuelto.
La oposición es activa.
Retrocesos con ambiciones.

   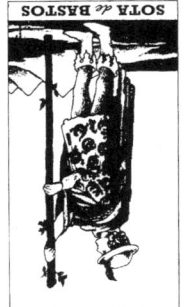

*Sota de Bastos invertida y
Siete de Bastos invertida*

Torpes retrocesos.
La pereza suscita el fracaso.
Oposición tímida.

*Siete de Bastos invertida y
Sota de Bastos invertida*

Fracaso por culpa de la pereza.
En desventaja y reservado.
Obstáculos por su torpeza.

*Dos de Bastos al derecho y
Rey de Bastos al derecho*

Éxito para este varón (de su descripción).
Logro en una profesión (para este varon).
Logro gracias a un buen consejo económico.

*Rey de Bastos al derecho y
Dos de Bastos al derecho*

Objetivos profesionales.
Varón que se embarca en un proyecto relativo al trabajo.
La carrera de este hombre será un éxito.

*Rey de Bastos al derecho y
Dos de Bastos invertida*

Dificultades profesionales.
obstáculos empresariales.
Este hombre no tiene éxito en su carrera.

*Dos de Bastos al derecho y
Rey de Bastos invertida*

Los objetivos son negativos.
Proyecto inseguro.
Logros indicados, pero necesita orientación.

*Rey de Bastos invertida y
Dos de Bastos al derecho*

Objetivo incierto.
Proyecto negativo.
Demasiado perezoso para lograr algo.

*Dos de Bastos invertida y
Rey de Bastos al derecho*

Problemas para un profesional.
Adversidades para este hombre.
Obstáculos en una carrera profesional.

 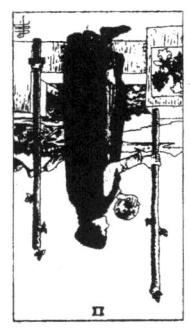  

*Rey de Bastos invertida y
Dos de Bastos invertida*

Inseguro y frustrante.
Negativo y sin éxito.
Una persona indigna de confianza creará obstáculos.

*Dos de Bastos invertida y
Rey de Bastos invertida*

Difícil, requiere orientación.
Obstáculos, negativo.
Trastornos por culpa de este hombre informal.

Nueve de Bastos al derecho y
Siete de Bastos al derecho

Defensivo, se resiste.
Temeroso de recurrir al valor.
Desconfía de la fuerza.

Siete de Bastos al derecho y
Nueve de Bastos al derecho

Contiene con el miedo.
Tendrá éxito si pone atención.
Se resiste a la aprensión.

Nueve de Bastos al derecho y
Siete de Bastos invertida

Oposición a la defensiva.
Cuidado, fracaso.
Temor a los retrocesos.

Siete de Bastos al derecho y
Nueve de Bastos invertida

Contiene, pero temeroso.
Con éxito, aunque sin preparación.
Se resiste a la negligencia.

*Nueve de Bastos invertida y
Siete de Bastos al derecho*

Temerosos y resistentes.
Con miedo a usar la fuerza.
Desatento a las ventajas.

*Siete de Bastos invertida y
Nueve de Bastos al derecho*

Obstáculos, cuidado.
Derrotado si no pone atención.
Oposición, cautela.

*Nueve de Bastos invertida y
Siete de bastos invertida*

Temeroso de la oposición.
Miedo a los retrocesos.
No está preparado para la derrota.

*Siete de Bastos invertida y
Nueve de Bastos invertida*

Fracaso por negligencia.
Derrota por despreocupación.
Retrocesos por falta de atención.

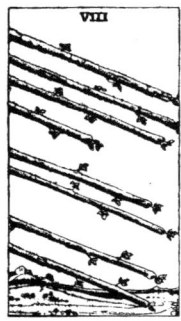  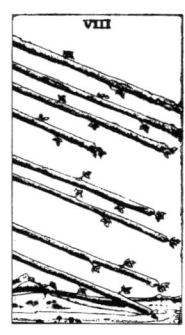

Ocho de Bastos *al derecho y*
Diez de Bastos *al derecho*

El viaje es opresivo.
La prisa suscita presiones.
La actividad es difícil.

Diez de Bastos *al derecho y*
Ocho de Bastos *al derecho*

Viaje difícil.
Obstáculos a causa del apresuramiento.
Actividad acuciada.

   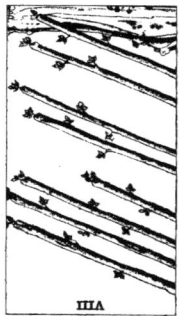

Ocho de Bastos *al derecho y*
Diez de Bastos *invertida*

Actividad placentera.
La acción es simple.
El viaje proporciona alivio.

Diez de Bastos *al derecho y*
Ocho de Bastos *invertida*

Difícil y lento.
Presión por culpa de las demoras.
La opresión crea estancamiento.

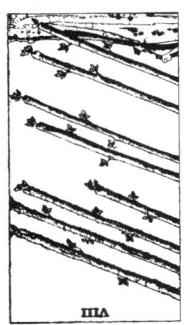   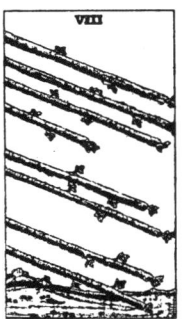

*Ocho de Bastos invertida y
Diez de Bastos al derecho*

Inmóvil y opresivo.
Trabajo inactivo.
Las demoras crean dificultades.

*Diez de Bastos invertida y
Ocho de Bastos al derecho*

Fuga de alivio.
Viaje sencillo.
Alivio de la actividad.

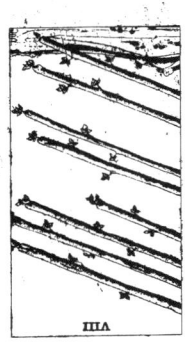   

*Ocho de Bastos invertida y
Diez de Bastos invertida*

Lento alivio.
Mejorarán las demoras.
Placer inmovilizado.

*Diez de Bastos invertida y
Ocho de Bastos invertida*

Demora en el alivio.
El placer es lento.
Alivio del estancamiento.

*Cinco de Bastos al derecho y
Siete de Bastos al derecho*

Pugnas, tenga valor.
Conflicto, le hará frente.
Luchar para triunfar.

*Siete de Bastos al derecho y
Cinco de Bastos al derecho*

Contendiendo con pugnas.
Resistencia ante el conflicto.
Éxito sobre las disputas.

*Cinco de Bastos al derecho y
Siete de Bastos invertida*

Pugnando con obstáculos.
Desacuerdos y oposición.
Conflicto y derrota.

*Siete de Bastos al derecho y
Cinco de Bastos invertida*

Valor y amistad.
Resistencia con acuerdo.
Transacción eficaz.

*Cinco de Bastos invertida y
Siete de Bastos al derecho*

El acuerdo aporta una ventaja.
La amistad triunfa.
Someterse exige valor.

*Siete de Bastos invertida y
Cinco de Bastos al derecho*

En desventaja por las disputas.
Oposición y conflicto.
Los obstáculos suscitan pugnas.

*Siete de Bastos invertida y
Cinco de Bastos invertida*

Oposición a una transacción.
Fallo en el sometimiento.
Obstáculos en una amistad.

*Cinco de Bastos invertida y
Siete de Bastos invertida*

Fracasa la conciliación.
Oposición al acuerdo.
La sumisión provoca retrocesos.

Sota de Bastos al derecho y
Dos de Bastos al derecho

Joven (chica o chico de su descripción) implicado en un proyecto.
Objetivo ambicioso.
Logro diestro.

Dos de Bastos al derecho y
Sota de Bastos al derecho

Chica o chico eficaz y resuelto.
Mando logrado.
El proyecto está activo.

Sota de Bastos al derecho y
Dos de Bastos invertida

Muchacha o muchacho.
Experimenta dificultades.
Resuelto, pero sin éxito.
Chica o chico crea obstáculos.

Dos de Bastos al derecho y
Sota de Bastos invertida

Los objetivos requieren superar la pereza.
Una tarea para este joven.
Con éxito, pero reservado.

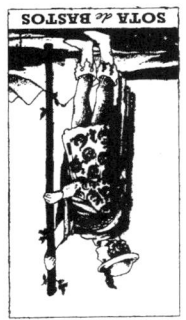   

*Sota de Bastos invertida y
Dos de Bastos al derecho*

Torpe en un empeño.
Harto perezoso para un logro.
Tímido pero triunfará.

*Dos de Bastos invertida y
Sota de Bastos al derecho*

Dificultades resueltas gracias a la determinación.
Obstáculos para esa chica o ese chico.
Sin éxito y con ambiciones.

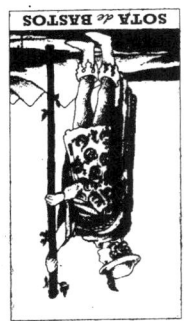 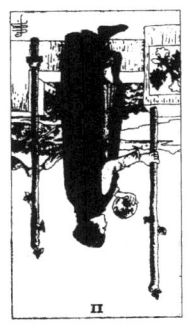  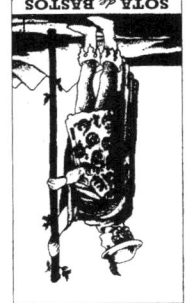

*Sota de Bastos invertida y
Dos de Bastos invertida*

Obstáculos embarazosos.
Hosco y difícil.
Perezoso y sin éxito.

*Dos de Bastos invertida y
Sota de Bastos invertida*

Difícil y reservado.
Perturbaciones por obra de la torpeza.
Obstáculos a causa de la pereza.

Cinco de Bastos al derecho y
Tres de Bastos al derecho

Pugnando por un logro.
Conflicto en un trato.
Luchar para triunfar.

Tres de Bastos al derecho y
Cinco de Bastos al derecho

Disputas sobre un trato.
Ventaja sobre los conflictos.
Realización que supera las pugnas.

Cinco de Bastos al derecho y
Tres de Bastos invertida

Los conflictos no han concluido.
Las disputas son fútiles.
La resistencia crea un fracaso.

Tres de Bastos al derecho y
Cinco de Bastos invertida

Logro a través de una transacción.
Acuerdo en un trato.
Éxito con una amistad.

COMBINACIONES DE BASTOS

*Cinco de Bastos invertida y
Tres de Bastos al derecho*

La sumisión aporta el éxito.
Trato pacífico.
Acuerdo para un logro.

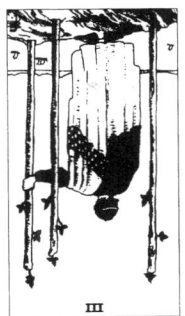 

*Tres de Bastos invertida y
Cinco de Bastos al derecho*

Disputas sin éxito.
Pugnas fútiles.
Fallo por culpa de los desacuerdos.

 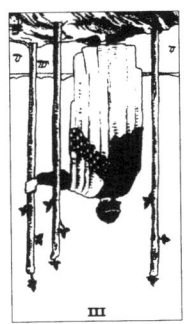

*Cinco de Bastos invertida y
Tres de Bastos invertida*

No hay éxito en el acuerdo.
Fracasa la conciliación.
La sumisión es inútil.

*Tres de Bastos invertida y
Cinco de Bastos invertida*

Acuerdo incompleto.
Amistad fallida.
Transacción ineficaz.

Dos de Bastos al derecho y
Seis de Bastos al derecho

El proyecto tiene éxito.
Acanzado el objetivo.
Logro con premios.

Seis de Bastos al derecho y
Dos de Bastos al derecho

Logro triunfal.
Objetivo gratificante.
Tarea terminada.

Dos de Bastos al derecho y
Seis de Bastos invertida

Objetivos fallidos.
El proyecto no tiene éxito.
Logro con demoras.

Seis de Bastos al derecho y
Dos de Bastos invertida

Éxito a través de las dificultades.
Superación de los problemas.
Victoria sobre los obstáculos.

COMBINACIONES DE BASTOS

Dos de Bastos invertida y
Seis de Bastos al derecho

Terminan las dificultades.
Adversidades y luego el éxito.
Trastornos antes de la victoria.

Seis de Bastos invertida y
Dos de Bastos al derecho

Demoras en un proyecto.
Objetivo fallido.
Logro insatisfactorio.

Dos de Bastos invertida y
Seis de Bastos invertida

Frustración debida a las demoras.
Las dificultades causan problemas.
Los obstáculos provocan una pérdida.

Seis de Bastos invertida y
Dos de Bastos invertida

Problemas y trastornos.
Una pérdida crea dificultades.
Las demoras sucitan obstáculos.

 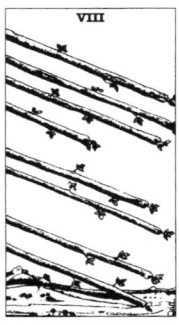 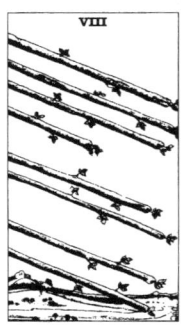 

*Caballo de Bastos al derecho y
Ocho de Bastos al derecho*

Varón joven (de su descripción) emprende un viaje.
Viaje acometido con prisa.
Acción retadora.

*Ocho de Bastos al derecho y
Caballo de Bastos al derecho*

El viaje presenta un desafío.
Viaje apresurado.
La acción es positiva.

 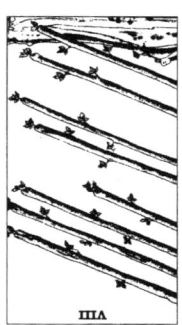 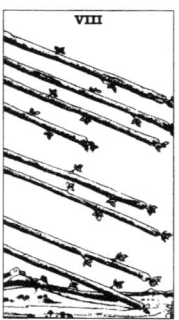 

*Caballo de Bastos al derecho y
Ocho de Bastos invertida*

Viaje aplazado.
Positivo pero lento.
Paralizada la determinación.

*Ocho de Bastos al derecho y
Caballo de Bastos invertida*

Acciones rebeldes.
Apresurado y caprichoso.
El viaje es fortuito.

 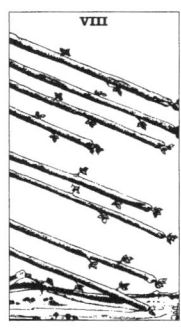 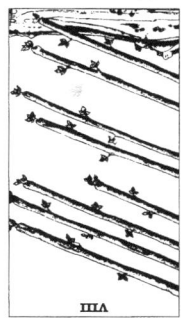 

*Caballo de Bastos invertida y
Ocho de Bastos al derecho*

Fuga fortuita.
Indiferencia a una actividad.
Acción rebelde.

*Ocho de Bastos invertida y
Caballo de Bastos al derecho*

Joven inactivo.
Viaje lento.
Retraso de un desafío.

 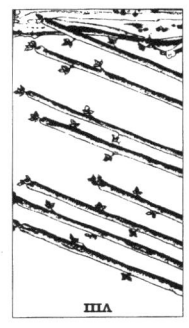 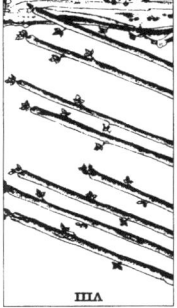 

*Caballo de Bastos invertida y
Ocho de Bastos invertida*

Ocioso y estancado.
Caprichoso y lento.
Demoras fortuitas.

*Ocho de Bastos invertida y
Caballo de Bastos invertida*

Lento y rebelde.
Estancado y ocioso.
Las demoras son fortuitas.

Tres de Bastos al derecho y
Dos de Bastos al derecho

Logro de un proyecto.
Consecución de un objetivo.
El trato tiene éxito.

Dos de Bastos al derecho y
Tres de Bastos al derecho

Un proyecto realizado.
Logro con un trato.
Los objetivos quedan alcanzados.

Tres de Bastos al derecho y
Dos de Bastos invertida

El trato no tiene éxito.
Éxito a pesar de las dificultades.
Un logro luego de los trastronos.

Dos de Bastos al derecho y
Tres de Bastos invertida

El empeño queda incompleto.
No se consigue el objetivo.
No llega el éxito.

Tres de Bastos *invertida* y
Dos de Bastos *al derecho*

Fallo en la realización.
Objetivo no completado.
Proyecto fallido.

Dos de Bastos *invertida* y
Tres de Bastos *al derecho*

Adversidad en el trato.
Dificultad en el logro.
Obstáculos y luego el éxito.

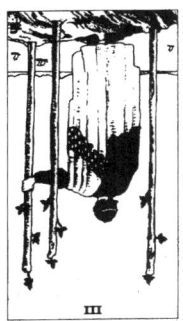   

Tres de Bastos *invertida* y
Dos de Bastos *invertida*

Sin éxito por culpa de los obstáculos.
Fracaso por obra de las adversidades.
Incompleto y, por tanto, fallido.

Dos de Bastos *invertida* y
Tres de Bastos *invertida*

Sin éxito por estar en desventaja.
Frustrante e inútil.
Los obstáculos conducen al fracaso.

Cuatro de Bastos al derecho y
Seis de Bastos al derecho

Felicidad y éxito.
Celebraciones concluidas.
El placer es gratificante.

Seis de Bastos al derecho y
Cuatro de Bastos al derecho

Victoria y celebraciones.
Júbilo por el triunfo.
El premio del placer.

Cuatro de Bastos al derecho y
Seis de Bastos invertida

El placer arruinado.
Se pierde la armonía.
Se aplaza la celebración.

Seis de Bastos al derecho y
Cuatro de Bastos invertida

Satisfacción completa.
El premio de la paz.
Éxito y tranquilidad.

Cuatro de Bastos invertida y
Seis de Bastos al derecho

Victoria serena.
Satisfacción y éxito.
Tranquilo y completo.

Seis de Bastos invertida y
Cuatro de Bastos al derecho

Aplazamientos con celebraciones.
Placer fallido.
La ruina de la felicidad.

Cuatro de Bastos invertida y
Seis de Bastos invertida

Perdida la serenidad.
Se viene abajo la satisfacción.
Calma al abordar los problemas.

Seis de Bastos invertida y
Cuatro de Bastos invertida

Problemas y luego calma.
Pérdida de la paz.
Satisfacción incompleta.

Caballo de Bastos al derecho y
Dos de Bastos al derecho

Joven (de su descripción) resuelto al logro.
Objetivo que plantea un reto.
Realizado el viaje.

Dos de Bastos al derecho y
Caballo de Bastos al derecho

Logro en el mando.
Realización positiva.
Objetivo desafiante.

Caballo de Bastos al derecho y
Dos de Bastos invertida

El mando no tiene éxito.
Viaje con frustraciones.
La determinación crea trastornos.

Dos de Bastos al derecho y
Caballo de Bastos invertida

Logro inútil.
Nada significa lo realizado.
Éxito, aunque torpe.

*Caballo de Bastos invertida y
Dos de Bastos al derecho*

Indiferente acerca del éxito.
Proyecto fortuito.
Ocioso ante los objetivos.

*Dos de Bastos invertida y
Caballo de Bastos al derecho*

Dificultades en un viaje.
Obstáculos ante un reto.
Adversidades en el mando.

*Caballo de Bastos invertida y
Dos de Bastos invertida*

Las extravagancias crean frustraciones.
Rebelde y difícil.
Obstáculos creados por su torpeza.

*Dos de Bastos invertida y
Caballo de Bastos invertida*

Sin éxito por torpe.
Problemas por culpa de su rebeldía.
Adversidades debidas a extravagancias.

*As de Bastos al derecho y
Seis de Bastos al derecho*

Nueva victoria.
Comienzo del éxito.
Inicio de premios.

*Seis de Bastos al derecho y
As de Bastos al derecho*

Cambio con éxito.
Principio gratificante.
Empieza la victoria.

*As de Bastos al derecho y
Seis de Bastos invertida*

Comienza de demoras.
Nuevos problemas.
El cambio es insatisfactorio.

*Seis de Bastos al derecho y
As de Bastos invertida*

Concluye la victoria.
Cesan los premios.
El éxito queda arruinado.

As de Bastos invertida y
Seis de Bastos al derecho

Terminado, concluido.
No consigue el éxito.
Hundimiento de la victoria.

Seis de Bastos invertida y
As de Bastos al derecho

Comienzan los aplazamientos.
Principio fallido.
Cambio insatisfactorio.

As de Bastos invertida y
Seis de Bastos invertida

Ruina por culpa de las demoras.
Final de los problemas.
Fracaso y ruina.

Seis de Bastos invertida y
As de Bastos invertida

Concluyen los aplazamientos.
Acaban los problemas.
Sin éxito, cese.

Rey de Copas

Al derecho

Masculino.
Edad: más de 35.
Pelo: de rubio a castaño claro.
Ojos: azules o verdes.
Enamorado.
Cónyuge.
Integridad.
Afestuoso.
Solícito.
Compasivo.

Invertida

Masculino.
Edad: más de 35.
Pelo: de rubio a castaño claro.
Ojos: azules o verdes.
Engañoso.
Desleal.
Sin escrúpulos.
Infame.
Indigno de confianza.
Amoral.

Reina de Copas

Al derecho

Femenina.
Edad: más de 20.
Pelo: de rubio a castaño claro.
Ojos: azules o verdes.
Enamorada.
Cónyuge.
Virtuosa.
Intuitiva.
Perceptiva.

Sensata.

Invertida

Femenina.
Edad: más de 20.
Pelo: de rubio a castaño claro.
Ojos: azules o verdes.
Vana.
Terca.
Ignorante.
Informal.
Carente de sentido práctico.
Indigna de confianza.

Rey de Copas al derecho y Reina de Copas al derecho

Hombre y mujer (de su descripción).
Marido; mujer.
Hombre afectuoso; mujer intuitiva.
Hombre solícito; mujer perceptiva.
Hombre compasivo; mujer virtuosa.
Enamorado sensato.

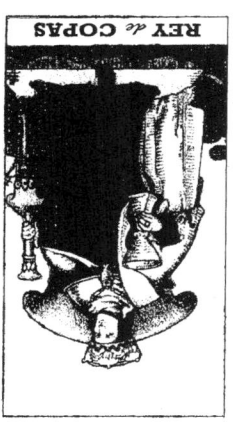 

Rey de Copas invertida y Reina de Copas invertida

Hombre y mujer (de su descripción).
Hombre engañoso; mujer vana.
Hombre desleal; mujer terca.
Sin escrúpulos; informal.
Indigno de confianza; ignorante.
Infame; carente de sentido práctico.
Amoral y falsa.

Rey de Copas al derecho y Reina de Copas invertida

Hombre y mujer (de su descripción).
Hombre afectuoso; mujer vana.
Hombre compasivo; mujer terca.
Solícito, pero informal.
Amante o cónyuge carente de sentido práctico.
Solícito, pero ignorante.

Caballo de Copas

Al derecho

Masculino.
Edad: 20-35.
Pelo: de rubio a castaño claro.
Ojos: azules o verdes.
Oferta.
Propuesta.
Aproximación.
Invitación.
Llegada.
Presentación.

Invertida

Masculino.
Edad: 20-35.
Pelo: de rubio a castaño claro.
Ojos: azules o verdes.
Negativa.
No llega.
Noticias falsas.
Aplazamiento.
Demoras.
Sin comunicación.

Sota de Copas

Al derecho

Femenina.
Edad: 0-20.
Pelo: de rubio a castaño claro.
Ojos: azules o verdes.
Noticias.
Mensaje.
Nacimiento.
Nuevo.
Ideas.
Anuncio.

Invertida

Femenina o masculina.
Edad: 0-20.
Pelo: de rubio a castaño claro.
Ojos: azules o verdes.
Estéril.
Vacío.
Inactiva.
Final.
Nulidad.
Improductivo.

*Caballo de Copas al derecho y
Sota de Copas al derecho*

Varón joven y juventud (de su descripción).
Oferta para un joven.
Propuesta anunciada.
Aproximación de un mensaje.
Presentación de una nueva idea.
Llegada de un nacimiento.

*Caballo de Copas invertida y
Sota de Copas invertida*

Varón joven y juventud (de su descripción).
Sin comunicación, vacío.
Negativo, estéril.
Sin llegada, inactivo.
Noticias falsas sobre un joven.
Aplazamiento, improductivo.
Acaban los plazos.

*Caballo de Copas al derecho y
Sota de Copas invertida*

Varón joven y juventud (de su descripción).
La oferta es improductiva.
La propuesta es estéril.
Se acerca el final.
La invitación es vana.
No hay llegada.

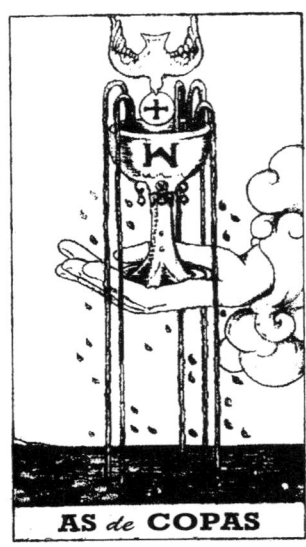

As de Copas

Al derecho

Matrimonio/unión.
Contento.
Satisfacción.
Felicidad.
Éxito.
Abundancia.

Invertida

Insatisfacción.
Descontento.
Engañoso.
Deslealtad.
Inestable.
Decepción.

Dos de Copas

Al derecho

Amor.
Unión.
Asociación.
Amistad.
Relación.
Compromiso.

Invertida

Frustración.
Ruptura.
Discontinuidad.
Separación.
Discordia.
Desacuerdos.

*As de Copas al derecho y
Dos de Copas al derecho*

Unión en matrimonio.
Contento con una asociación.
Satisfecho con una relación.
Amistad feliz.
Compromiso con éxito.
Plenitud de amor.

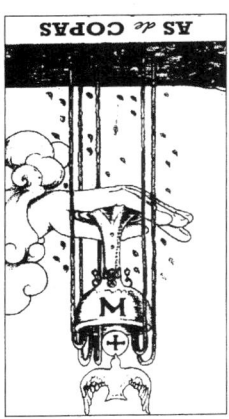 

*As de Copas invertida y
Dos de Copas invertida*

Insatisfacción y frustraciones.
Descontento por una ruptura.
Engañoso, discontinuidad.
Deslealtad y separación.
Inestable por culpa de la discordia.
Decepción por los desacuerdos.

*As de Copas al derecho y
Dos de Copas invertida*

Separación de un matrimonio.
La satisfacción cambia en discordia.
Interrupción del contento.
La felicidad se muda en frustración.
Éxito a pesar de los desacuerdos.
Ruptura de una relación.

Tres de Copas

Al derecho *Invertida*

Celebración. Fiesta.
Diversión. Grupo.
Concentración. Conferencia.
Feliz. Reunión.
Social. Tolerancia desmedida.
Espectáculo. Excesos.

Cuatro de Copas

Al derecho *Invertida*

Tedio. Oportunidad.
Aburrido. Deseo.
Cansado. Optimista.
Decepcionado. Esperanza.
Fatiga. Motivación.
Desesperación. Asistencia.

*Tres de Copas al derecho y
Cuatro de Copas al derecho*

Decepciona la celebración.
La diversión se convierte en tedio.
La reunión se torna aburrida.
La felicidad conduce a la desesperación.
Fatiga la vida social.
El espectáculo puede cansar.

*Tres de Copas invertida y
Cuatro de Copas invertida*

Las fiestas ofrecen oportunidades.
Los grupos pueden ser optimistas.
Las conferencias suscitan esperanza.
Las reuniones requieren un motivo.
La tolerancia excesiva exige asistencia.
Deseo excesivo.

*Tres de Copas al derecho y
Cuatro de Copas invertida*

La celebración brinda un motivo.
La diversión ofrece esperanza.
Las reuniones son optimistas.
Deseos de felicidad.
Socialmente apoyado.
El espectáculo proporciona oportunidades.

Cinco de Copas

Al derecho

Desligamiento.
Evitar.
Pérdida.
Lamentar.
Rechazar.
Negativa.

Invertida

Implicación.
Aceptar.
Reconciliación.
Retornar.
Restablecer.
Cooperación.

Seis de Copas

Al derecho

Pasado.
Retorno.
Disculpa.
Reconciliación.
Saludo.
Reunión.

Invertida

Renovación.
Retorno.
Repetir.
Restaurar.
De nuevo.
A menudo.

*Cinco de Copas al derecho y
Seis de Copas al derecho*

Desligarse del pasado.
Evitar una disculpa.
Rechazar un saludo.
Pérdida de un retorno.
Lamentar una reunión.
Negarse a una reconciliación.

*Cinco de Copas invertida y
Seis de Copas invertida*

Se renueva la implicación.
Se acepta un retorno.
Se repite la reconciliación.
Restaurar para restablecer.
Cooperar a menudo.

*Cinco de Copas al derecho y
Seis de Copas invertida*

Separarse repetidamente.
Evitar una renovación.
Pérdida, necesidad de un retorno.
Lamentaciones, restaurar.
Rechazado de nuevo.
Denegado a menudo.

Siete de Copas

Al derecho

Evocar.
Reflexionar.
Elegir.
Decisión.
Tentación.
Imaginar.

Invertida

Indecisión.
Impetuoso.
Fantasía.
Irracional.
Ilógico.
Limitar.

Ocho de Copas

Al derecho

Partir.
Abandonar.
Ir.
Evitar.
Desechar.
Escapar.

Invertida

Retornar.
Reunión.
Llegar.
Restaurar.
Enfoque.
Congregarse.

COPAS 167

*Siete de Copas al derecho y
Ocho de Copas al derecho*

Evocar la partida.
Pensar en abandonar.
Optar por ir.
Decisión de evitar.
Tentación de escapar.
Imaginar la deserción.

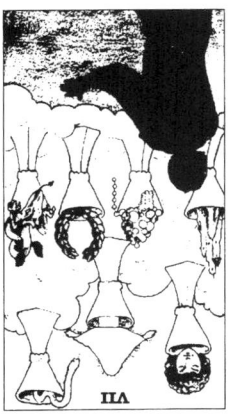 

*Siete de Copas invertida y
Ocho de Copas invertida*

Indeciso sobre el retorno.
Reunión impetuosa.
Fantasear sobre una llegada.
Cita irracional.
Enfoque ilógico.
Limitado a restablecer.

*Siete de Copas al derecho y
Ocho de Copas invertida*

Concebir el retorno.
Reflexionar sobre una reunión.
Elegir una llegada.
Decisión de restablecer.
Tentación de acercarse.
Evocar una reunión.

Nueve de Copas

Al derecho

Contento.
Realización.
Satisfacción.
Completo.
Placer.
Bien.

Invertida

Descontento.
Insatisfecho.
Sin éxito.
Incompleto.
Descorazonado.
Decepción.

Diez de Copas

Al derecho

Felicidad.
Abundancia.
Florecimiento.
Júbilo.
Contento.
Familia.

Invertida

Pena.
Desunión.
Discordia.
Infelicidad.
Lamentaciones.
Tristeza.

*Nueve de Copas al derecho y
Diez de Copas al derecho*

Contento y felicidad.
Florece la realización.
Satisfacción y júbilo.
Abundancia completa.
Placer y satisfacción.
Buena vida familiar.

*Nueve de Copas invertida y
Diez de Copas invertida*

Descontento e infeliz.
Insatisfecho, siente pena.
La falta de éxito crea desunión.
Incompleto, lamentaciones.
Descorazonado y triste.
Decepción debida a la discordia.

*Nueve de Copas al derecho y
Diez de Copas invertida*

La alegría se convierte en pesar.
La realización lleva a la discordia.
La satisfacción da paso a la pena.
La conclusión determina desunión.
El placer se muda en infelicidad.
La bondad, marcada por la tristeza.

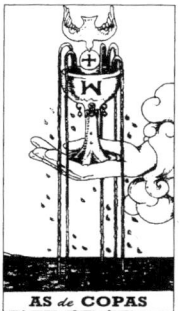     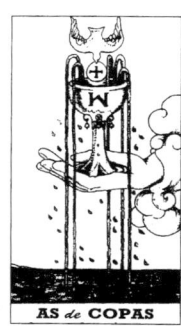

As de Copas al derecho y
Diez de Copas al derecho

El matrimonio es feliz.
Familia feliz.
Satisfacción y contento.

Diez de Copas al derecho y
As de Copas al derecho

Matrimonio floreciente.
Alegría y felicidad.
Familia satisfecha.

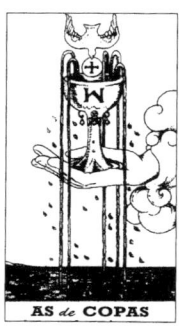    

As de Copas al derecho y
Diez de Copas invertida

La felicidad se convierte en pesar.
Lamentaciones del matrimonio.
Contento y luego desunión.

Diez de Copas al derecho y
As de Copas invertida

Familia inestable.
Felicidad engañosa.
El júbilo se convierte en descontento.

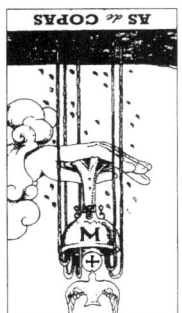   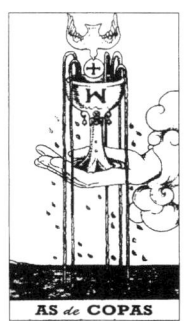

As de Copas invertida y
Diez de Copas al derecho

Descontento con la familia.
La decepción se convierte en felicidad.
La insatisfacción se vuelve júbilo.

Diez de Copas invertida y
As de Copas al derecho

Matrimonio desgraciado.
La tristeza se vuelve felicidad.
Discordia y después contento.

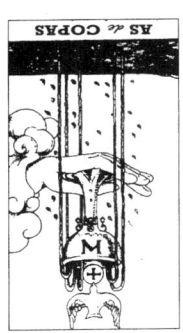   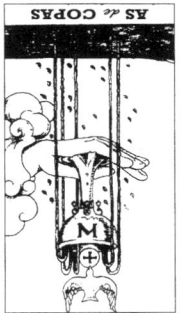

As de Copas invertida y
Diez de Copas invertida

Descontento e infeliz.
Decepciones y lamentaciones.
La deslealtad causa tristeza.

Diez de Copas invertida y
As de Copas invertida

Infeliz tras el engaño.
Desunión y descontento.
Pesar por la deslealtad.

*Reina de Copas al derecho y
Cuatro de Copas al derecho*

*Cuatro de Copas al derecho y
Reina de Copas al derecho*

La mujer (de su descripción) está aburrida.
Esposa defraudada.
Perceptiva, pero fatigada.

Cansada de recurrir a la percepción.
Aburrida de la intuición.
Mujer decepcionada.

*Reina de Copas al derecho y
Cuatro de Copas invertida*

*Cuatro de Copas al derecho y
Reina de Copas invertida*

Use la intuición con oportunidad.
Prudente ayuda.
Cónyuge optimista.

Cansada y obstinada.
Aburrida y vana.
Decepcionante y no merecedora de confianza.

*Reina de Copas invertida y
Cuatro de Copas al derecho*

La terquedad crea deseperación.
Carente de sentido práctico y tediosa.
Informal y decepcionante.

*Cuatro de Copas invertida y
Reina de Copas al derecho*

Oportunidad, use la percepción.
Mujer optimista (de su descripción).
Motivada e intuitiva.

*Reina de Copas invertida y
Cuatro de Copas invertida*

Oportunidad incierta.
Vana esperanza.
Ignorante con deseos.

*Cuatro de Copas invertida y
Reina de Copas invertida*

Ayuda insegura.
La esperanza es imposible.
Oportunidad vana.

*Dos de Copas al derecho y
Diez de Copas al derecho*

Amor y felicidad.
Florece la amistad.
Relación satisfactoria.

*Diez de Copas al derecho y
Dos de Copas al derecho*

Amor familiar.
Abundancia de amistad.
Alegría con una asociación.

*Dos de Copas al derecho y
Diez de Copas invertida*

El compromiso suscita pesar.
Amigo desgraciado.
La relación aporta pena.

*Diez de Copas al derecho y
Dos de Copas invertida*

La felicidad se convierte en frustración.
Ruptura familiar.
Contento con la separación.

Dos de Copas invertida y
Diez de Copas al derecho

Desacuerdos con la familia.
Frustración superada con felicidad.
Separados pero contentos.

Diez de Copas invertida y
Dos de Copas al derecho

Relación desgraciada.
Lamentando una asociación.
Tristeza por un amigo.

Dos de Copas invertida y
Diez de Copas invertida

Separación y pena.
Desacuerdos e infelicidad.
Ruptura con pesar.

Diez de Copas invertida y
Dos de Copas invertida

Tristeza por una ruptura.
Lamentando una separación.
La infelicidad causa discordia.

*Caballo de Copas al derecho y
Tres de Copas al derecho*

Invitación a una fiesta.
Se acerca una celebración.
Se ofrece diversión.

*Tres de Copas al derecho y
Caballo de Copas al derecho*

Se brinda una feliz celebración.
Se acerca una reunión.
Invitación social.

*Caballo de Copas al derecho y
Tres de Copas invertida*

Invitación a una fiesta.
Oferta de una reunión.
Llegada de un grupo.

*Tres de Copas al derecho y
Caballo de Copas invertida*

Celebración aplazada.
Acontecimiento demorado.
Falsa diversión.

Caballo de Copas invertida y
Tres de Copas al derecho

Diversión negativa.
Aplazamiento de una fiesta.
Demora de distracciones.

Tres de Copas invertida y
Caballo de Copas al derecho

Se acerca una fiesta.
Propuesta de reunión.
Presentación de un grupo.

Caballo de Copas invertida y
Tres de Copas invertida

Falta de comunicación en un grupo.
Noticias inciertas sobre una fiesta.
Reunión negativa.

Tres de Copas invertida y
Caballo de Copas invertida

Celebración demorada.
La indulgencia excesiva es negativa.
Falta excesiva de comunicación.

Cinco de Copas al derecho y
Rey de Copas al derecho

Pérdida del cónyuge.
Separarse de ese hombre.
Evitar a un amante.

Rey de Copas al derecho y
Cinco de Copas al derecho

Ayuda rechazada.
Es rechazado el afecto (de ese hombre).
El cónyuge sufre pesares.

 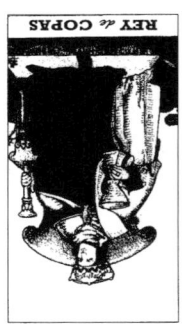  

Cinco de Copas al derecho y
Rey de Copas invertida

Evite a ese hombre sin escrúpulos.
Pérdida por culpa de un engaño.
Lamentación de la deslealtad.

Rey de Copas al derecho y
Cinco de Copas invertida

Hombre (de su descripción) desea una relación.
Cónyuge desea reconciliación.
Retorna un amante.

  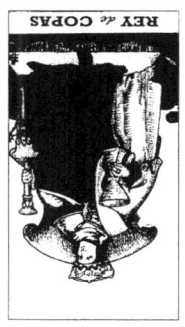 

Cinco de Copas invertida y
Rey de Copas al derecho

Reconciliación con un amante.
Coopere con este hombre.
Aceptación de cónyuge.

Rey de Copas invertida y
Cinco de Copas al derecho

Hombre amoral, aléjese.
Infame, evítelo.
No merece confianza, rechace una relación.

 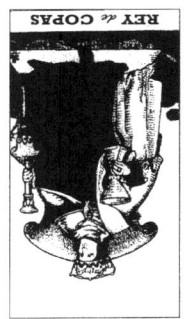 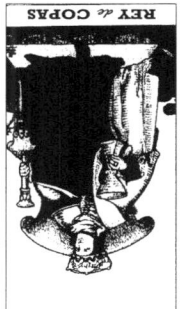 

Cinco de Copas invertida y
Rey de Copas invertida

Retorno de un hombre falso.
Admite que él no tiene escrúpulos.
Cooperación con un hombre infame.

Rey de Copas invertida y
Cinco de Copas invertida

Engañoso, no coopere.
Hombre desleal desea una reconciliación.
Implicación que no merece confianza.

*Seis de Copas al derecho y
Nueve de Copas al derecho*

La reconciliación es buena.
Encuentro satisfactorio.
Retorna la satisfacción.

*Nueve de Copas al derecho y
Seis de Copas al derecho*

Completa justificación.
Buen retorno (la siguiente carta determinará a lo que sea).
Contento con lo sucedido.

*Seis de Copas al derecho y
Nueve de Copas invertida*

Reconciliación fallida.
Encuentro decepcionante.
Lo sucedido aporta descontento.

*Nueve de Copas al derecho y
Seis de Copas invertida*

Retorna la satisfacción.
Completamente restablecido.
Placeres renovados.

*Seis de Copas invertida y
Nueve de Copas al derecho*

A menudo contento.
Restablecimiento del placer.
El retorno es bueno.

*Nueve de Copas invertida y
Seis de Copas al derecho*

Insatisfacción con las disculpas.
Descorazonado por lo sucedido.
Decepción por un encuentro.

*Seis de Copas invertida y
Nueve de Copas invertida*

La repetición no tendría éxito.
Descontento a menudo.
Retorno insatisfactorio.

*Nueve de Copas invertida y
Seis de Copas invertida*

Otra vez descorazonado.
Decepcionado a menudo.
Retorno fallido.

Dos de Copas al derecho y
Cinco de Copas al derecho

Se pierde una asociación.
Amistad rechazada.
Relación rechazada.

Cinco de Copas al derecho y
Dos de Copas al derecho

Pérdida de un amor.
Evitar una relación.
Lamentar un compromiso.

Dos de Copas al derecho y
Cinco de Copas invertida

Relación restablecida.
Retorna un amor.
Amistad aceptada.

Cinco de Copas al derecho y
Dos de Copas invertida

Lamentar una separación.
El rechazo crea frustración.
Evitar una ruptura.

Dos de Copas invertida y
Cinco de Copas al derecho

Frustrante, aléjese.
Discordia y lamentaciones.
Los desacuerdos causan una pérdida.

Cinco de Copas invertida y
Dos de Copas al derecho

Implicado en una relación.
Aceptar un compromiso.
Reanudar una amistad.

Dos de Copas invertida y
Cinco de Copas invertida

Discontinuidad en una implicación.
Separación aceptada.
Retorno de la discordia.

Cinco de Copas invertida y
Dos de Copas invertida

Reconciliación tras una separación.
Retorno de los desacuerdos.
Ruptura aceptada.

Cuatro de Copas al derecho y *Dos de Copas al derecho y*
Dos de Copas al derecho   *Cuatro de Copas al derecho*

Tedio con una relación.   Relación decepcionante.
Desilusión con una asociación.   El compromiso crea desesperación.
Desesperación con el amor.   Asociación aburrida.

Cuatro de Copas al derecho y *Dos de Copas al derecho y*
Dos de Copas invertida   *Cuatro de Copas invertida*

Tedioso y frustrante.   Relación optimista.
Tedioso, abandonar.   Amistad con esperanza.
Fatiga tras una ruptura.   El compromiso requiere motivación.

Cuatro de Copas invertida y
Dos de Copas al derecho

Oportunidad para una asociación.
Esperanza de amor.
Deseo de una amistad.

Dos de Copas invertida y
Cuatro de Copas al derecho

Frustrante y tedioso.
La ruptura es decepcionante.
Separado y con una sensación de fatiga.

Cuatro de Copas invertida y
Dos de Copas invertida

Deseo de una ruptura.
Separación optimista.
Esperanza de interrupción.

Dos de Copas invertida y
Cuatro de Copas invertida

Discordia, necesidad de motivación.
Separación, necesidad de ayuda.
Desacuerdos, sea optimista.

Siete de Copas al derecho y
Dos de Copas al derecho

Elegir un compromiso.
Decidir sobre una relación.
Reflexionar sobre una amistad.

Dos de Copas al derecho y
Siete de Copas al derecho

Asociación, necesidad de reflexionar.
Relaciones, elija con cuidado.
El compromiso es tentador.

Siete de Copas al derecho y
Dos de Copas invertida

Optar por la separación.
Reflexionar sobre los descuerdos.
Decidir la interrupción.

Dos de Copas al derecho y
Siete de Copas invertida

El amor es limitado.
La asociación es ilógica.
El compromiso es irracional.

*Siete de Copas invertida y
Dos de Copas al derecho*

Fantasear sobre una relación.
Indecisión acerca de una asociación.
Compromiso impetuoso.

*Dos de Copas invertida y
Siete de Copas al derecho*

Elección frustrante.
Desacuerdos, necesidad de decisiones.
Interrumpir la tentación.

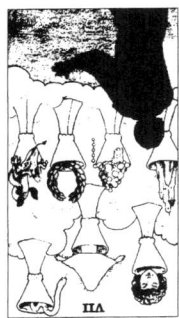   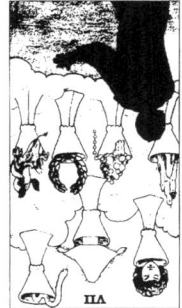

*Siete de Copas invertida y
Dos de Copas invertida*

Indecisión acerca de una separación.
Ruptura impetuosa.
Desacuerdos irracionales.

*Dos de Copas invertida y
Siete de Copas invertida*

Frustración a propósito de una indecisión.
La separación es ilógica.
La discordia crea limitaciones.

*Ocho de Copas al derecho y
Seis de Copas al derecho*

Ir a pedir disculpas.
Evitar una reunión.
Escapar al pasado.

*Seis de Copas al derecho y
Ocho de Copas al derecho*

La reunión es abandonada.
Evitar la reconciliación.
Se imponen los sentimientos del pasado.

*Ocho de Copas al derecho y
Seis de Copas invertida*

Partir de nuevo.
Abandonar a menudo.
Disponerse a volver.

*Seis de Copas al derecho y
Ocho de Copas invertida*

Reunión pasada.
Se acerca la reconciliación.
Regresar a una reunión.

Ocho de Copas invertida y
Seis de Copas al derecho

Devolver un saludo.
Restaurar el pasado.
Acercarse a una reunión.

Seis de Copas invertida y
Ocho de Copas al derecho

Abandonar las renovaciones.
Partir a menudo.
Volver a ir.

 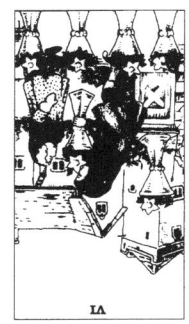    

Ocho de Copas invertida y
Seis de Copas invertida

Volver a restablecer.
Aproximarse otra vez.
Reunirse a menudo.

Seis de Copas invertida y
Ocho de Copas invertida

Llegar a menudo.
Repetir una reunión.
Retornar otra vez.

*Caballo de Copas al derecho y
Dos de Copas al derecho*

Invitación a una asociación.
Propuesta amorosa.
Se acerca un amigo.

*Dos de Copas al derecho y
Caballo de Copas al derecho*

El amante propondrá.
Se brinda una asociación.
Un amigo se acerca.

   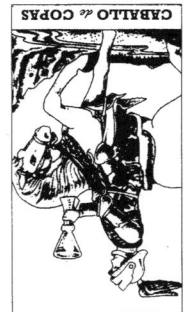

*Caballo de Copas al derecho y
Dos de Copas invertida*

Se acerca una separación.
Llegada de la discordia.
La propuesta crea frustración.

*Dos de Copas al derecho y
Caballo de Copas invertida*

Se retrasa un compromiso.
No hay comunicación en la relación.
No llega el amigo.

COMBINACIONES DE COPAS

*Caballo de Copas invertida y
Dos de Copas al derecho*

Relación negativa.
Noticias inciertas respecto de un socio.
Demorar compromisos.

*Dos de Copas invertida y
Caballo de Copas al derecho*

Se acerca un desacuerdo.
Se brinda la separación.
Frustrar una invitación.

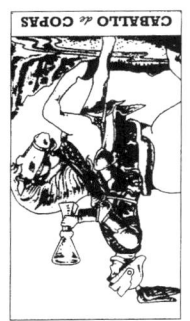   

*Caballo de Copas invertida y
Dos de Copas invertida*

Aplazamiento de una separación.
Negativo, interrumpa.
Noticias falsas causan discordia.

*Dos de Copas invertida y
Caballo de Copas invertida*

Los desacuerdos causan demoras.
Separación debida a falta de comunicación.
Se aplaza la ruptura.

*Ocho de Copas al derecho y
Dos de Copas al derecho*

Abandonar una relación.
Evitar una asociación.
Abandonar una amistad.

*Dos de Copas al derecho y
Ocho de Copas al derecho*

Abandona un socio.
Se aleja el amor.
El amigo le rehuye.

*Ocho de Copas al derecho y
Dos de Copas invertida*

Evitar desacuerdos.
Disponerse a cortar.
Abandonar por culpa de la discordia.

*Dos de Copas al derecho y
Ocho de Copas invertida*

Retorna el amor.
Se restablece la asociación.
Se aproxima una relación.

*Ocho de Copas invertida y
Dos de Copas al derecho*

Encontrar a un amigo.
Se aproxima un compromiso.
Restablecer una relación.

*Dos de Copas invertida y
Ocho de Copas al derecho*

Abandona, frustrado.
Separarse para escapar.
Cortar, abandonar.

*Ocho de Copas invertida y
Dos de Copas invertida*

Se aproxima una separación.
La reunión es frustrante.
Retorno de la discordia.

*Dos de Copas invertida y
Ocho de Copas invertida*

Interrumpir la reunión.
Retorno de los desacuerdos.
Ruptura de una reunión.

*Siete de Copas al derecho y
Seis de Copas al derecho*

Evocar el pasado.
Reflexionar sobre el retorno.
Elegir una reunión.

*Seis de Copas al derecho y
Siete de Copas al derecho*

Reunión para decidir.
La reconciliación es tentadora.
Elección pasada.

*Siete de Copas al derecho y
Seis de Copas invertida*

Decidir la vuelta.
Evocar una renovación.
Optar por repetir.

*Seis de Copas al derecho y
Siete de Copas invertida*

Fantasía pasada.
La justificación fue impetuosa.
Saludo parco.

Siete de Copas invertida y *Seis de Copas invertida y*
Seis de Copas al derecho *Siete de Copas al derecho*

Indecisión sobre la reconciliación. Renovación de una decisión.
Es ilógico volver. Reflexionar a menudo.
  Volver a elegir.

     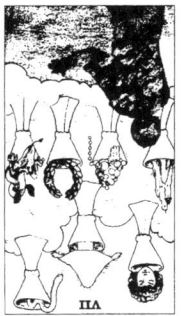

Siete de Copas invertida y *Seis de Copas invertida y*
Seis de Copas invertida *Siete de Copas invertida*

Indecisión acerca de la vuelta. Fantasear con frecuencia.
Limitado para el restablecimiento. Otra vez indeciso.
Renovación impetuosa. El retorno es ilógico.

Reina de Copas al derecho y
Nueve de Copas al derecho

Mujer satisfecha (de su descripción).
La percepción es buena.
La intuición aporta satisfacción.

Nueve de Copas al derecho y
Reina de Copas al derecho

Placer para esta mujer (de su descripción).
Realización gracias al saber.
Satisfacción a través de la intuición.

Reina de Copas al derecho y
Nueve de Copas invertida

Mujer descontenta.
La mujer está descorazonada.
La amante está decepcionada.

Nueve de Copas al derecho y
Reina de Copas invertida

El placer es vano.
Satisfecha pero informal.
Bueno pero imposible.

*Reina de Copas invertida y
Nueve de Copas al derecho*

Terca respecto del placer.
Satisfacción vana.
Contento informal.

*Nueve de Copas invertida y
Reina de Copas al derecho*

Decepcionada con amante/cónyuge.
Insatisfecha con la intuición.
Mujer descontenta (de su descripción).

*Reina de Copas invertida y
Nueve de Copas invertida*

Vana e incompleta.
Terca y descontenta.
Informal y decepcionante.

*Nueve de Copas invertida y
Reina de Copas invertida*

Decepcionada y terca.
Incompleto e imposible.
Descorazonado, porque la mujer no es de fiar.

*Tres de Copas al derecho y
Sota de Copas al derecho*

Anuncio feliz.
Celebración de una nueva idea.
Reunión en un nacimiento (verbigracia, bautizo).

*Sota de Copas al derecho y
Tres de Copas al derecho*

Muchacha o muchacho (de su descripción) es feliz.
Noticias acerca de un acto social.
Anuncio de una celebración.

*Tres de Copas al derecho y
Sota de Copas invertida*

Final de una celebración.
La vida social está inactiva.
Feliz siendo improductivo.

*Sota de Copas al derecho y
Tres de Copas invertida*

Noticias de una fiesta.
Anuncio de una reunión.
Nuevas ideas en una conferencia.

Tres de Copas invertida y
Sota de Copas al derecho

Conferencia para compartir nuevas ideas.
Reunión acerca de un joven.
Anuncio de un grupo.

Sota de Copas invertida y
Tres de Copas al derecho

Reunión improductiva.
Distracción estéril.
Final de la actividad social.

Tres de Copas invertida y
Sota de Copas invertida

Termina una conferencia.
Reunión improductiva.
Grupo inactivo.

Sota de Copas invertida
Tres de Copas invertida

Fiesta inactiva.
Final del exceso de indulgencia.
No hay conferencia.

*Tres de Copas al derecho y
Cinco de Copas al derecho*

Se rechaza la celebración.
Rechazo social.
Se pierde la felicidad.

*Cinco de Copas al derecho y
Tres de Copas al derecho*

Se evita la distracción.
Desligamiento de las actividades sociales.
Lamentaciones por una celebración.

*Tres de Copas al derecho y
Cinco de Copas invertida*

Aceptación social.
Feliz por cooperar.
Celebración de una reconciliación.

*Cinco de Copas al derecho y
Tres de Copas invertida*

Evitar una fiesta.
Pérdida por culpa del exceso.
Lamentación del exceso de indulgencia.

Tres de Copas invertida y
Cinco de Copas al derecho

Se rechaza una conferencia.
Se rechaza un encuentro.
El exceso de indulgencia.

Cinco de Copas invertida y
Tres de Copas al derecho

Implicado en una celebración.
Aceptación de una invitación.
Feliz reconciliación.

Tres de Copas invertida y
Cinco de Copas invertida

Implicación de un grupo.
Reunión para reconciliarse.
Aceptación de una fiesta.

Cinco de Copas invertida y
Tres de Copas invertida

Aceptación de un grupo.
Volver a una fiesta.
Implicado en una reunión.

Rey de Espadas

Al derecho

Masculino.
Edad: más de 35.
Pelo: de castaño claro a castaño oscuro.
Ojos: verdes o avellana.
Dotes de mando.
Autoridad.
Oficial.
Legal.
Uniforme.
Gobierno.

Invertida

Masculino.
Edad: más de 35.
Pelo: de castaño claro a castaño oscuro.
Ojos: verdes o avellana.
Malicia.
Crueldad.
Duro.
Vengativo.
Rencoroso.
Represalia.

Reina de Espadas

Al derecho

Femenina.
Edad: más de 20.
Pelo: de castaño claro a castaño oscuro.
Ojos: verdes o avellana.
Separación.
Divorcio.
Viudedad.
Desamparo.
Pérdida.
Dolor.

Invertida

Femenina.
Edad: más de 20.
Pelo: de castaño claro a castaño oscuro.
Ojos: verdes o avellana.
Rencorosa.
Prejuicio.
Celosa.
Cruel.
Engañosa.
Envidiosa.

*Rey de Espadas al derecho y
Reina de Espadas al derecho*

Hombre y mujer (de su descripción).
Mujer legal.
El hombre se separa de___ (lo determinará la próxima carta).
Mando perdido.
Autoridad sobre el divorcio.
Hombre de uniforme sufre dolores.

*Rey de Espadas invertida y
Reina de Espadas invertida*

Hombre y mujer (de su descripción).
Hombre vengativo; mujer rencorosa.
Hombre cruel; mujer parcial.
Represalia por culpa de la envidia.
Malicia y celos.
Rencor y crueldad.

*Rey de Espadas al derecho y
Reina de Espadas invertida*

Hombre y mujer (de su descripción).
Con autoridad y prejuicios.
Oficial que ejerce represalias.
Mando engañoso.
Venganza legal.
El Gobierno parece cruel.

Caballo de Espadas

Al derecho	*Invertida*
Masculino.	Masculino.
Edad: 20-35.	*Edad:* 20-35.
Pelo: de castaño a castaño oscuro.	*Pelo:* de castaño a castaño oscuro.
Ojos: verdes o avellana.	*Ojos:* verdes o avellana.
Repentino.	Temerario.
Inesperado.	Ignorancia.
Destrucción.	Traición.
Pérdida.	Violencia.
Trastorno.	Vulgar.
Gran fuerza.	Impertinente.

Sota de Espadas

Al derecho	*Invertida*
Femenina o masculina.	Femenina o masculina.
Edad: 0-20.	*Edad:* 0-20.
Pelo: de castaño claro a castaño oscuro.	*Pelo:* de castaño claro a castaño oscuro.
Ojos: verdes o avellana.	*Ojos:* verdes o avellana.
Difícil.	Destructiva.
Oposición.	Terquedad.
Hiperactiva.	Despreciable.
Obstinada.	Sórdida.
Agresiva.	Egoísta.
Dura.	Desalmada.

Caballo de Espadas al derecho y Sota de Espadas al derecho

Hombre joven y juventud (de su descripción).
Dificultades inesperadas.
Oposición súbita.
Violento e hiperactivo.
Perturbador y agresivo.
Destructivo y obstinado.

Caballo de Espadas invertida y Sota de Espadas invertida

Hombre joven y juventud (de su descripción).
Traicionero y egoísta.
Violento y sórdido.
Ignorante y obstinado.
Impertinente y despreciable.
Vulgar y desalmado.

Caballo de Espadas al derecho y Sota de Espadas invertida

Hombre joven y juventud (de su descripción) súbitamente destructivo.
Sordidez inesperada.
Destructivo y obstinado.
Pérdida debida al egoísmo.
Perturbador y despreciable.

As de Espadas

Al derecho

Victoria.
Éxito.
Logro.
Poder.
Ventaja.
Positivo.

Invertida

Derrota.
Pérdida.
Fracaso.
Debilidad.
Sometimiento.
Negativo.

Dos de Espadas

Al derecho

Decisiones.
Prejuicio.
Análisis.
Juicio.
Resolución.
Opinión.

Invertida

Indecisión.
Prejuicio.
Sesgo.
Incertidumbre.
Falsa interpretación.
Error.

*As de Espadas al derecho y
Dos de Espadas al derecho*

Resolución victoriosa.
Juicio acertado.
Logro analizado.
Prejuicio poderoso.
Opiniones positivas.
Decisión ventajosa.

*As de Espadas invertida y
Dos de Espadas invertida*

Derrota por culpa de un error.
Pérdida por falsa interpretación.
Fracaso por incertidumbre.
Debilidad causada por la indecisión.
Sometimiento por obra de un prejuicio.
Negativa por parcialidad.

*As de Espadas al derecho y
Dos de Espadas invertida*

Victoria sin decidir.
Éxito inseguro.
Logro errado.
Poder mal interpretado.
Las ventajas crean un perjuicio.
Error positivo.

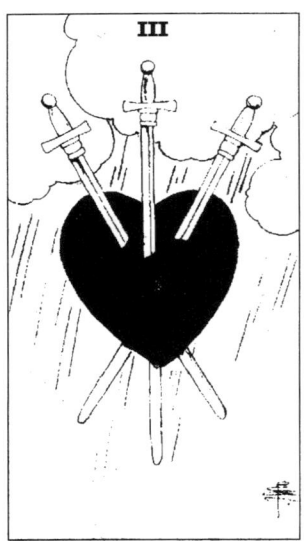

Tres de Espadas

Al derecho

Corazón.
Dolor.
Pérdida.
Pena.
Conflicto.
Sufrimiento.

Invertida

Confusión.
Angustia.
Emoción.
Tristeza.
Desorden.
Inquietud.

Cuatro de Espadas

Al derecho

Reposo.
Convaleciente.
Aislamiento.
Demoras.
Enfermedad.
Solitario.

Invertida

Precaución.
Advertencia.
Cuidado.
Seguridad.
Atención.
Vigilancia.

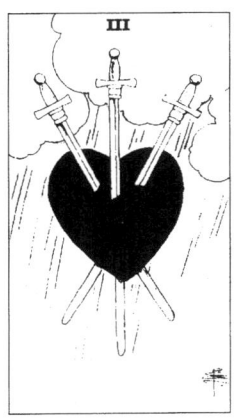 

*Tres de Espadas al derecho y
Cuatro de Espadas al derecho*

Enfermedad del corazón.
Dolor por el aislamiento.
Pérdida por demoras.
Sufrimiento y luego reposo.
Pena por la soledad.
Conflicto por la convalecencia.

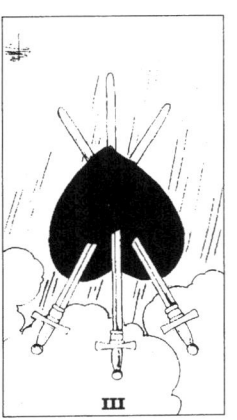 

*Tres de Espadas invertida y
Cuatro de Espadas invertida*

Confusión, necesidad de precaución.
Angustia, tenga cuidado.
Emoción, cuide de la advertencia.
Tristeza, obre con seguridad.
Desorden, tenga cuidado.
Inquietud, vigile.

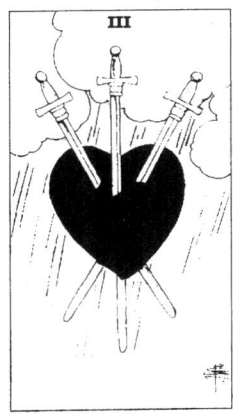 

*Tres de Espadas al derecho y
Cuatro de Espadas invertida*

Corazón, tenga cuidado.
Dolor, advertencia.
Pérdida, precaución.
Pena, tenga cuidado.
Conflicto, vigile.
Sufrimiento, cautela.

Cinco de Espadas

Al derecho

Separación.
División.
Discordia.
Derrota.
Conflicto.
Pérdida.

Invertida

Depresión.
Desaliento.
Rechazo.
Paria.
Sometido.
Opresión.

Seis de Espadas

Al derecho

Desplazamiento (agua).
Excursión.
Viaje.
Partida.
Escapada.
Incursión.

Invertida

Cancelación.
Demorado.
Confinado.
Retenido.
Restringido.
Limitado.

*Cinco de Espadas al derecho y
Seis de Espadas al derecho*

Discordia por un viaje.
Separación para escaparse.
División durante un desplazamiento.
Conflicto sobre la partida.
Derrota por un viaje.
Pérdida de una excursión.

*Cinco de Espadas invertida y
Seis de Espadas invertida*

Desalentado por estar confinado.
Rechazado y limitado.
Paria, y por eso limitado.
Sometido y eliminado.
Oprimido y detenido.
Deprimido por una demora.

*Cinco de Espadas al derecho y
Seis de Espadas invertida*

División debida al confinamiento.
Separación por hallarse retenido.
Discordia por cancelaciones.
Derrota por limitaciones.
El conflicto causa restricciones.
Una pérdida determina demoras.

Siete de Espadas

Al derecho

Robo.
Fracaso.
Sin éxito.
Decepción.
Tentativa.
Incompleto.

Invertida

Irrealizado.
Esperanza.
Ensayado.
Inseguro.
Dudoso.
Incierto.

Ocho de Espadas

Al derecho

Restricciones.
Obstáculos.
Limitación.
Inconveniente.
Limitado.
Contenido.

Invertida

Relajación.
Liberado.
Suelto.
Sin término.
Ilimitado.
Despejado.

ESPADAS

*Siete de Espadas al derecho y
Ocho de Espadas al derecho*

Fracaso, obstáculos.
Sin éxito por las limitaciones.
Decepción por la restricción.
Tentativa de contener.
Incompleto por las restricciones.
El robo es impedido.

 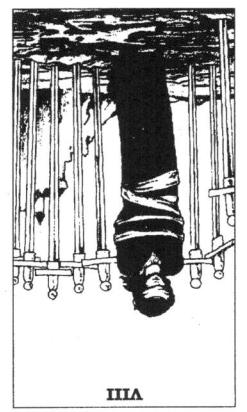

*Siete de Espadas invertida y
Ocho de Espadas invertida*

Irrealizado, pero suelto.
Esperanza de relajación.
Prueba a desligar.
Inseguro de ser liberado.
Dudoso si es ilimitado.
Despejadas las incertidumbres.

 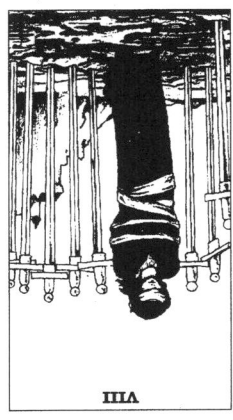

*Siete de Espadas al derecho y
Ocho de Espadas invertida*

Robo despejado.
No logra soltar.
Decepcionado pero libre.
Tentativa de liberación.
Incompleto aunque despejado.
El fracaso puede ser ilimitado.

Nueve de Espadas

Al derecho

Tristeza.
Depresión.
Trastorno.
Desgracia.
Insatisfacción.
Pesar.

Invertida

Aislamiento.
Inquietud.
Pena.
Infelicidad.
Lamentaciones.
Duda.

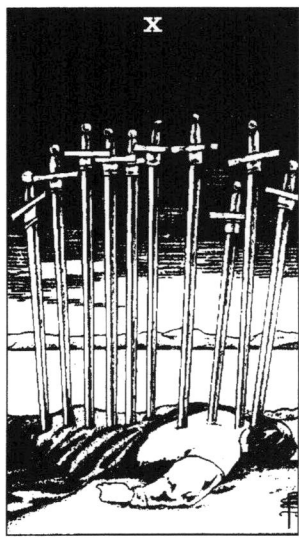

Diez de Espadas

Al derecho

Destrucción.
Final.
Mortalidad.
Violencia.
Dolor.
Devastación.

Invertida

Engaño.
Desgracia.
Humillación.
Vergüenza.
Descrédito.
Escándalo.

 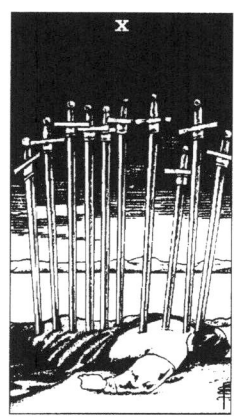

*Nueve de Espadas al derecho y
Diez de Espadas al derecho*

Tristeza por un final.
Depresión y destrucción.
Trastorno y violencia.
Desgracia y devastación.
Insatisfacción por culpa del dolor.
Pesar por la mortalidad.

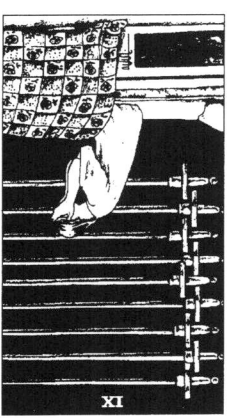 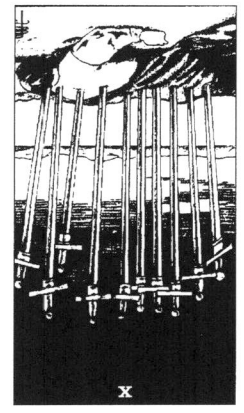

*Nueve de Espadas invertida y
Diez de Espadas invertida*

Aislamiento de la desgracia.
Inquietud por la humillación.
Pena por la vergüenza.
Infeliz por ser desacreditado.
Lamentación por el escándalo.
Duda a causa del engaño.

 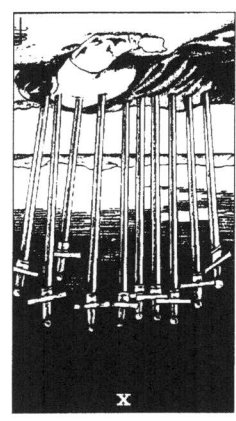

*Nueve de Espadas al derecho y
Diez de Espadas invertida*

Tristeza por el engaño.
Depresión y humillación.
Trastorno por el escándalo.
Desgracia y vergüenza.
Insatisfacción por el descrédito.
Pesar y desventura.

 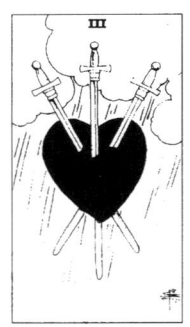 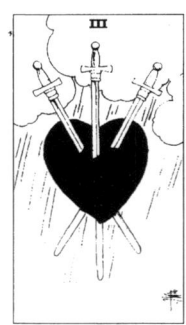 

*As de Espadas al derecho y
Tres de Espadas al derecho*

Victoria sobre el dolor.
Logro tras la pena.
Éxito a través del conflicto.

*Tres de Espadas al derecho y
As de Espadas al derecho*

Conflicto para la victoria.
Pena ante el éxito.
Pérdida de poder.

  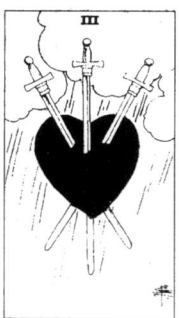 

*As de Espadas al derecho y
Tres de Espadas invertida*

Emoción poderosa.
Ventaja sobre la confusión.
Victoria sobre la angustia.

*Tres de Espadas al derecho y
As de Espadas invertida*

Pesar y pérdida.
Conflicto y fracaso.
Sufrimiento debida a la derrota.

 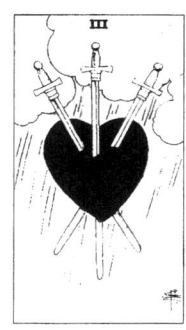 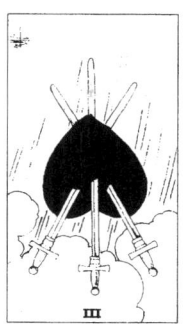 

*As de Espadas invertida y
Tres de Espadas al derecho*

El fracaso aporta pena.
La pérdida causa dolor.
Sumisión en el conflicto.

*Tres de Espadas invertida y
As de Espadas al derecho*

Confusión acerca de la victoria.
Angustia ante el éxito.
Desorden y luego logro.

*As de Espadas invertida y
Tres de Espadas invertida*

Derrota y tristeza.
Fracaso y confusión.
La pérdida crea angustia.

*Tres de Espadas invertida y
As de Espadas invertida*

Debilidad emocional.
Tristeza por el fracaso.
La inquietud es negativa.

*Caballo de Espadas al derecho y
Nueve de Espadas al derecho*

Muchacho (de su descripción) crea un trastorno inesperado.
Trastorno y angustia.
Súbito pesar.

*Nueve de Espadas al derecho y
Caballo de Espadas al derecho*

Tristeza por una pérdida repentina.
Pesar y trastornos.
Angustia por la destrucción.

 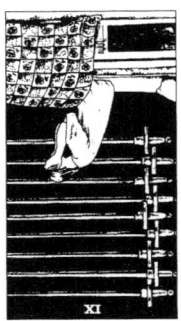  

*Caballo de Espadas al derecho y
Nueve de Espadas invertida*

Pesar inesperado.
Trastorno y duda.
La pérdida causa lamentaciones.

*Nueve de Espadas al derecho y
Caballo de Espadas invertida*

Tratorno y violencia.
Angustia por una temeridad.
Pesar por culpa de la ignorancia.

  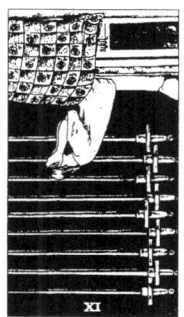 

*Caballo de Espadas invertida y
Nueve de Espadas al derecho*

La vulgaridad causa tristeza.
La traición crea angustia.
La impertinencia suscita.
Insatisfacción.

*Nueve de Espadas invertida y
Caballo de Espadas al derecho*

La inquietud es destructiva.
Infeliz por un pérdida.
Dudas acerca de este hombre.

 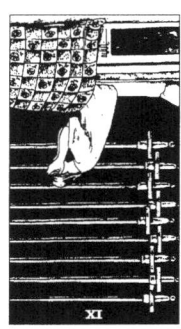 

*Caballo de Espadas invertida y
Nueve de Espadas invertida*

La temeridad es causa de pesar.
La impertinencia causa lamentaciones.
La vulgaridad crea infelicidad.

*Nueve de Espadas invertida y
Caballo de Espadas invertida*

Infeliz debida a la ignorancia.
Lamentaciones por la violencia.
Inquietud por la traición.

Sota de Espadas al derecho y
Dos de Espadas al derecho

Muchacha o muchacho (de su descripción) con agresividad y prejuicios.
Decisión difícil.
Juicio duro.

Dos de Espadas al derecho y
Sota de Espadas al derecho

Resolver dificultades.
Sensato y opuesto.
Las decisiones son duras.

Sota de Espadas al derecho y
Dos de Espadas invertida

La agresividad provoca incertidumbre.
Opuesto y parcial.
Las dificultades por culpa de un error.

Dos de Espadas al derecho y
Sota de Espadas invertida

La decisión es destructiva.
Opinión egoísta.
Juicio sórdido.

*Sota de Espadas invertida y
Dos de Espadas al derecho*

Análisis despreciable.
Opinión miserable.
Decisión egoísta.

*Dos de Espadas invertida y
Sota de Espadas al derecho*

Oposición sesgada.
Agresión mal interpretada.
Inseguro y difícil.

*Sota de Espadas invertida y
Dos de Espadas invertida*

Desalmado y con prejuicios.
Error despreciable.
Un destructivo error de interpretación.

*Dos de Espadas invertida y
Sota de Espadas invertida*

La indecisión es destructiva.
Prejuicio y egoísmo.
Parcialidad y obstinación.

Siete de Espadas al derecho y Rey de Espadas al derecho

Decepción para este hombre (de su descripción).
No logra el gobierno.
Tentativa con el mando.

Rey de Espadas al derecho y Siete de Espadas al derecho

Fracasa el mando.
Hombre (de su descripción) no tiene éxito.
Decepciones legales.

   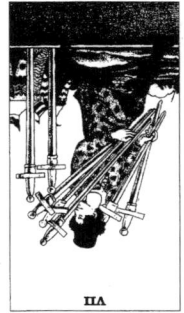

Siete de Espadas al derecho y Rey de Espadas invertida

Robo por venganza.
No logra la represalia.
Sin éxito y difícil.

Rey de Espadas al derecho y Siete de Espadas invertida

La situación legal es insegura.
Autoridad dudosa.
El mando está esperanzado.

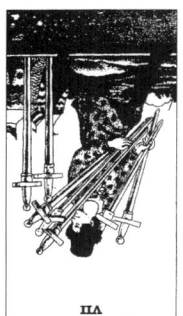   

Siete de Espadas invertida y
Rey de Espadas al derecho

Inseguro de la autoridad.
Desconfiado acerca del mando.
Esperanzas respecto del gobierno.

Rey de Espadas invertida y
Siete de Espadas al derecho

Tentativa maliciosa.
La crueldad crea decepción.
Fracasa la venganza.

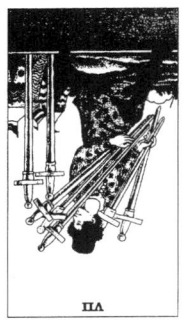   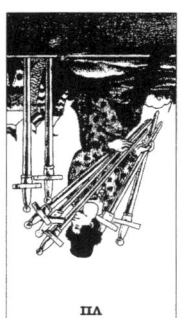

Siete de Espadas invertida y
Rey de Espadas invertida

Ensaya la venganza.
Inseguro, parece difícil.
Duda sobre la venganza.

Rey de Espadas invertida y
Siete de Espadas invertida

El rencor crea incertidumbre.
La crueldad suscita dudas.
Es difícil probar.

 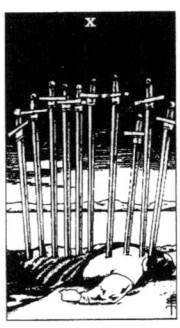 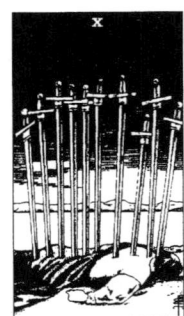 

*Cinco de Espadas al derecho y
Diez de Espadas al derecho*

Separación por la violencia.
Pérdida y destrucción.
Concluye el conflicto.

*Diez de Espadas al derecho y
Cinco de Espadas al derecho*

La violencia crea separación.
Derrota devastadora.
Destrucción a través del conflicto.

 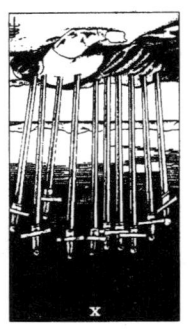 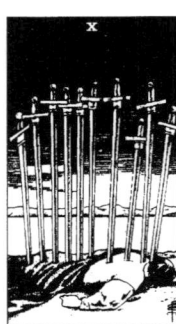 

*Cinco de Espadas al derecho y
Diez de Espadas invertida*

Conflicto y humillación.
Discordia y vergüenza.
Separación por el engaño.

*Diez de Espadas al derecho y
Cinco de Espadas invertida*

La mortalidad aporta depresión.
Devastación por el rechazo.
Final del desaliento.

 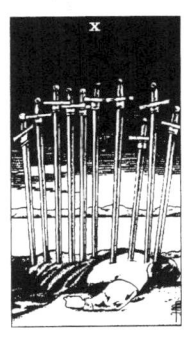   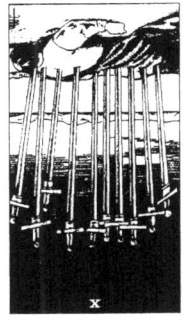 

*Cinco de Espadas invertida y
Diez de Espadas al derecho*

Opresión y devastación.
Sometido por la violencia.
El rechazo es destructivo.

*Diez de Espadas invertida y
Cinco de Espadas al derecho*

El engaño aporta discordia.
Humillación y conflicto.
Vergüenza y derrota.

 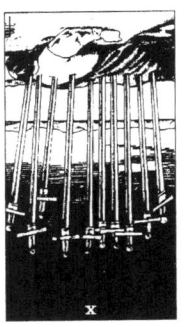   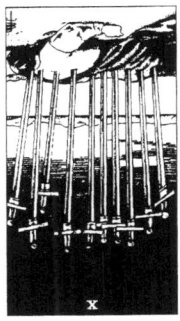 

*Cinco de Espadas invertida y
Diez de Espadas invertida*

El rechazo aporta humillación.
Sometido por la vergüenza.
La depresión por el engaño.

*Diez de Espadas invertida y
Cinco de Espadas invertida*

El escándalo es reducido.
Desgracia y depresión.
Vergüenza y rechazo.

*Dos de Espadas al derecho y
Seis de Espadas al derecho*

Decidir un viaje.
Revisión de un desplazamiento.
Resolución de viajar.

*Seis de Espadas al derecho y
Dos de Espadas al derecho*

Es preciso analizar ese viaje.
Escapar a unas resoluciones.
Se decide la partida.

*Dos de Espadas al derecho y
Seis de Espadas invertida*

El prejuicio crea restricciones.
Decisiones canceladas.
Juicio demorado.

*Seis de Espadas al derecho y
Dos de Espadas invertida*

El viaje es incierto.
No se ha decidido el viaje.
Error en la partida.

Dos de Espadas invertida y
Seis de Espadas al derecho

Indecisión sobre un viaje.
Incertidumbre en relación con un viaje.
Interpretación errónea de un viaje.

Seis de Espadas invertida y
Dos de Espadas al derecho

Aplazamiento de decisiones.
Imposibilitado de resolver.
Juicio limitado.

Dos de Espadas invertida y
Seis de Espadas invertida

La indecisión crea demoras.
El sesgo suscita restricciones.
Error, cancele.

Seis de Espadas invertida y
Dos de Espadas invertida

Aplazamientos e indecisión.
Cancelación por incertidumbre.
Confinamiento debido a una interpretación errónea.

*Rey de Espadas al derecho y
Sota de Espadas al derecho*

Dificultades legales.
La autoridad es agresiva.
El gobierno se opone.

*Sota de Espadas al derecho y
Rey de Espadas al derecho*

Enfrentamiento con la autoridad.
Hombre difícil (de su descripción).
Hombre legal obstinado.

*Rey de Espadas al derecho y
Sota de Espadas invertida*

El mando es destructivo.
La autoridad es despreciable.
El hombre es sórdido.

*Sota de Espadas al derecho y
Rey de Espadas invertida*

Difícil y rencoroso.
Opuesto y vengativo.
Agresivo y cruel.

Rey de Espadas invertida y
Sota de Espadas al derecho

Malicioso y terco.
Recurre a la represalia y la agresión.
Vengativo y difícil.

Sota de Espadas invertida y
Rey de Espadas al derecho

Autoridad destructiva.
Obstinado en el mando.
Hombre egoísta.

Rey de Espadas invertida y
Sota de Espadas invertida

Vengativo y destructivo.
Ejerce represalias por cuestiones nimias.
Rencoroso y egoísta.

Sota de Espadas invertida y
Rey de Espadas invertida

Egoísta y cruel.
Sórdido y vengativo.
Terco y duro.

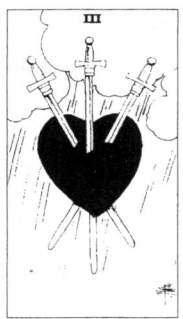   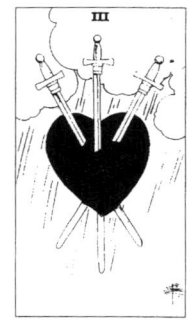

*Tres de Espadas al derecho y
Nueve de Espadas al derecho*

Dolor y tristeza.
El conflicto causa depresión.
Trastornos del corazón.

*Nueve de Espadas al derecho y
Tres de Espadas al derecho*

Pesar por una pérdida.
La insatisfacción suscita un conflicto.
La angustia aporta sufrimiento.

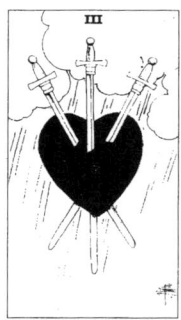 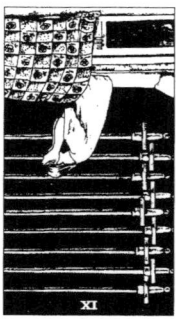  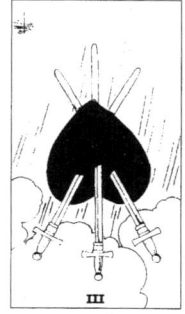

*Tres de Espadas al derecho y
Nueve de Espadas invertida*

El dolor crea infelicidad.
Pérdida y pesar.
Sufrimiento con inquietud.

*Nueve de Espadas al derecho y
Tres de Espadas invertida*

Depresión y confusión.
Trastorno e inquietud.
Desgracia y angustia.

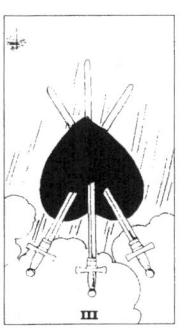 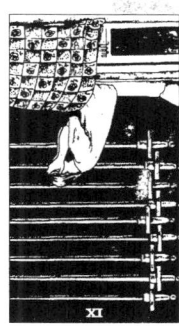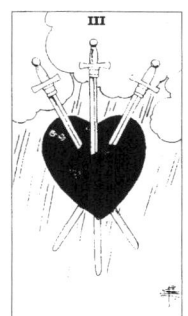

*Tres de Espadas invertida y
Nueve de Espadas al derecho*

Insatisfacción emocional.
La confusión crea angustia.
Tristeza y pesar.

*Nueve de Espadas invertida y
Tres de Espadas al derecho*

La duda crea un conflicto.
Lamentaciones y pena.
Infelicidad debida a una pérdida.

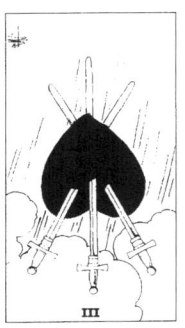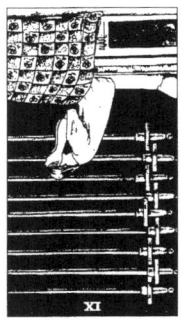 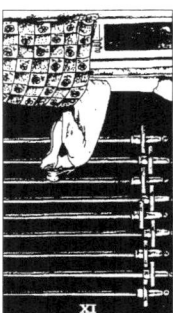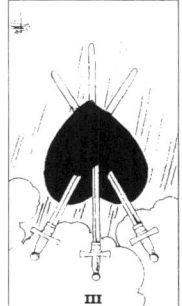

*Tres de Espadas invertida y
Nueve de Espadas invertida*

Confusión e infelicidad.
Aislamiento emocional.
Angustia e inquietud.

*Nueve de Espadas invertida y
Tres de Espadas invertida*

La duda crea confusión.
Las lamentaciones suscitan tristeza.
Infeliz por el desorden.

 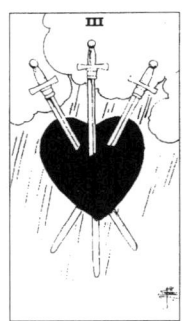 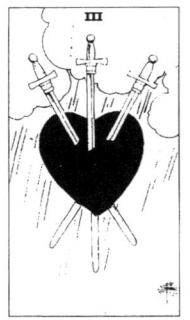 

*Reina de Espadas al derecho y
Tres de Espadas al derecho*

El divorcio crea pesar.
Separación debida a un conflicto.
Aflicción y dolor.

*Tres de Espadas al derecho y
Reina de Espadas al derecho*

Pérdida y aflicción.
Separación dolorosa.
Conflicto por un divorcio.

  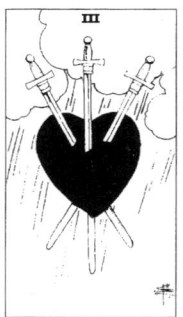 

*Reina de Espadas al derecho y
Tres de Espadas invertida*

Viudedad y angustia.
Divorcio y confusión.
La separación causa tristeza.

*Tres de Espadas al derecho y
Reina de Espadas invertida*

Pérdida debida al engaño.
Sufrimiento causado por una venganza.
Pena provocada por la envidia.

 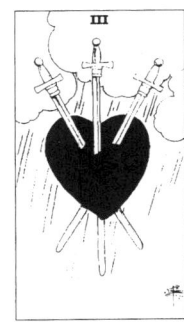 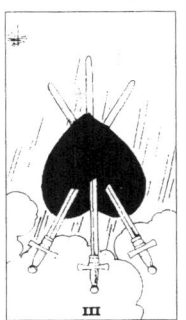 

Reina de Espadas invertida y
Tres de Espadas al derecho

La venganza causa pena.
El prejuicio suscita sufrimiento.
La envidia crea pérdida.

Tres de Espadas invertida y
Reina de Espadas al derecho

Angustia por una pérdida.
Confuso por una separación.
Triste a causa de un divorcio.

Reina de Espadas invertida y
Tres de Espadas invertida

Celos y confusión.
La crueldad provoca tristeza.
El engaño crea angustia.

Tres de Espadas invertida y
Reina de Espadas invertida

Desorden debido a los celos.
Tristeza por obra de la crueldad.
Inquietud ante el rencor.

*Caballo de Espadas al derecho y
Siete de Espadas al derecho*

Decepción súbita.
Pérdida por robo.
Fallo imprevisto.

*Siete de Espadas al derecho y
Caballo de Espadas al derecho*

Decepción y pérdida.
El fracaso es inesperado.
El robo es destructivo.

*Caballo de Espadas al derecho y
Siete de Espadas invertida*

Esperanza por sorpresa.
Súbitamente dubitativo.
Pérdida e incertidumbre.

*Siete de Espadas al derecho y
Caballo de Espadas invertida*

Decepción por una traición.
Tentativa de violencia.
Fracaso por impertinencia.

  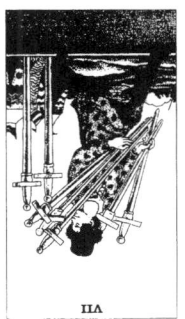 

Caballo de Espadas invertida y
Siete de Espadas al derecho

La temeridad suscita decepción.
La ignorancia provoca el fracaso.
Traicionero y sin éxito.

Siete de Espadas invertida y
Caballo de Espadas al derecho

Perdida la esperanza.
Probar con gran fuerza.
Incertidumbres inesperadas.

 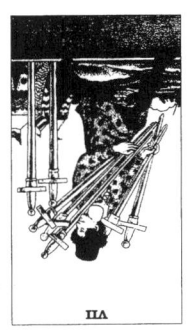 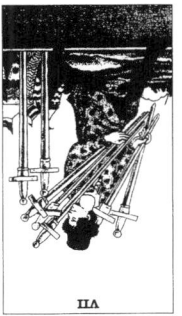 

Caballo de Espadas invertida y
Siete de Espadas invertida

La violencia destruye la esperanza.
Traicionero e incierto.
La ignorancia causa duda.

Siete de Espadas invertida y
Caballo de Espadas invertida

Inseguro acerca de la traición.
Inseguro acerca de la violencia.
Dubitativo e impertinente.

*Seis de Espadas al derecho y
Siete de Espadas al derecho*

El viaje es decepcionante.
Viaje fallido.
Fracasa la escapada.

*Siete de Espadas al derecho y
Seis de Espadas al derecho*

Viaje sin éxito.
Desilusiona la excursión.
Huye el ladrón.

 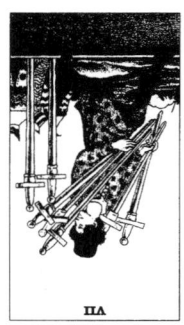  

*Seis de Espadas al derecho y
Siete de Espadas invertida*

Viaje con esperanza.
El viaje es inseguro.
El viaje es dudoso.

*Siete de Espadas al derecho y
Seis de Espadas invertida*

El ladrón es detenido.
Incompleto, espere cancelaciones.
Quedan limitadas las tentativas.

COMBINACIONES CON ESPADAS 237

  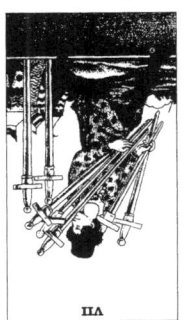 

Seis de Espadas invertida y
Siete de Espadas al derecho

Cancele, sin éxito.
Las restricciones provocan el fracaso.
La demora causa decepción.

Siete de Espadas invertida y
Seis de Espadas al derecho

Esperanza de viajar.
Trató de escapar.
Inseguro acerca de un viaje.

 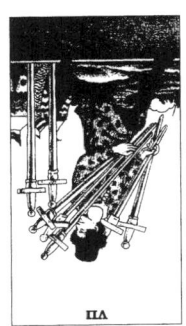 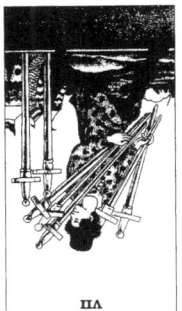 

Seis de Espadas invertida y
Siete de Espadas invertida

Cancelación debida a la duda.
Esperanza limitada.
Los aplazamientos crean incertidumbre.

Siete de Espadas invertida y
Seis de Espadas invertida

Trató de cancelar.
Dudoso, si se demora.
Esperanza limitada.

*Cuatro de Espadas al derecho y
Ocho de Espadas al derecho*

Las demoras crean obstáculos.
La enfermedad suscita un inconveniente.
La convalecencia crea restricciones.

*Ocho de Espadas al derecho y
Cuatro de Espadas al derecho*

Obstáculos por culpa de la enfermedad.
Restricciones por obra de la convalecencia.
Estorbado por las demoras.

 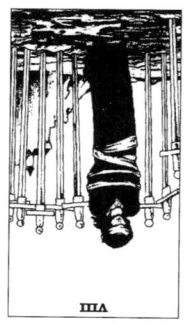  

*Cuatro de Espadas al derecho y
Ocho de Espadas invertida*

Las demoras son ilimitadas.
Reposo a través de la liberación.
La convalecencia provoca relajación.

*Ocho de Espadas al derecho y
Cuatro de Espadas invertida*

Obstáculos, cuidado.
Restricciones, necesidad de precaución.
Limitación, vigile.

  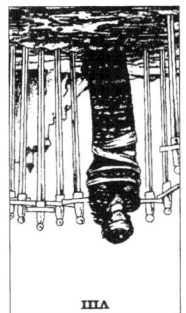 

Cuatro de Espadas invertida y
Ocho de Espadas al derecho

Prevención contra los obstáculos.
Restricciones por seguridad.
Precaución contra los estorbos.

Ocho de Espadas invertida y
Cuatro de Espadas al derecho

Liberación de la soledad.
Libre del confinamiento.
Liberación de la enfermedad.

 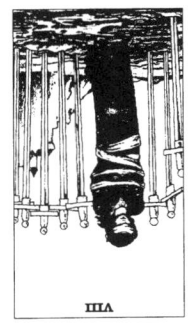 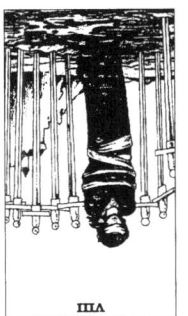 

Cuatro de Espadas invertida y
Ocho de Espadas invertida

Asistencia para liberar.
Prevención contra la relajación.
La seguridad es ilimitada.

Ocho de Espadas invertida y
Cuatro de Espadas invertida

Dejado con seguridad.
Asistencia ilimitada.
Liberado mediante vigilancia.

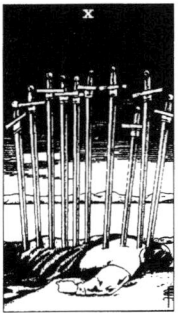     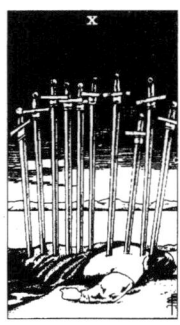

Diez de Espadas al derecho y
Caballo de Espadas al derecho

Destrucción con gran fuerza.
Devastación y pérdida.
Termina de repente.

Caballo de Espadas al derecho y
Diez de Espadas al derecho

Destrucción repentina.
Violencia inesperada.
Final del trastorno.

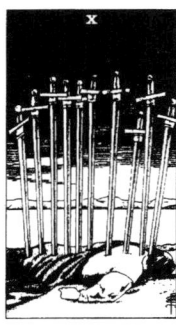     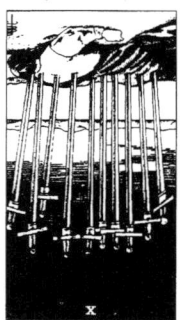

Diez de Espadas al derecho y
Caballo de Espadas invertida

Final de la traición.
Mortalidad por la violencia.
Destrucción por temeridad.

Caballo de Espadas al derecho y
Diez de Espadas invertida

Destrucción por el escándalo.
Humillación inesperada.
Pérdida por culpa del descrédito.

COMBINACIONES CON ESPADAS 241

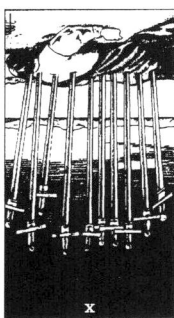   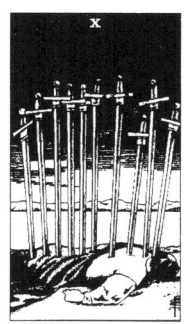

Diez de Espadas invertida y
Caballo de Espadas al derecho

El escándalo crea pérdida.
Desgracia y destrucción.
Engaño y perturbación.

Caballo de Espadas invertida y
Diez de Espadas al derecho

Vulgar y violento.
Temerario y destructivo.
Final de la traición.

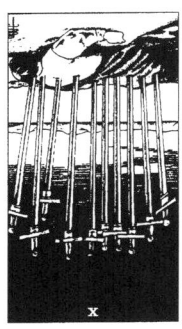   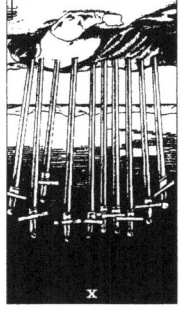

Diez de Espadas invertida y
Caballo de Espadas invertida

Engaño e impertinencia.
Vergüenza por culpa de la vulgaridad.
Escándalo y violencia.

Caballo de Espadas invertida y
Diez de Espadas invertida

Ignorancia y vergüenza.
Vulgar y desgraciado.
Impertinente y humillante.

*Sota de Espadas al derecho y
Ocho de Espadas al derecho*

Obstáculos difíciles.
Duras limitaciones.
La oposición es limitada.

*Ocho de Espadas al derecho y
Sota de Espadas al derecho*

Las restricciones crean agresión.
Obstáculos a través de la oposición.
Las limitaciones crean dificultades.

 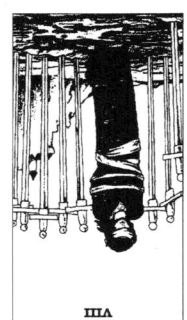  

*Sota de Espadas al derecho y
Ocho de Espadas invertida*

La oposición queda despejada.
Dificultades relajadas.
Duro de liberar.

*Ocho de Espadas al derecho y
Sota de Espadas invertida*

Las restricciones son destructivas.
Obstáculos por obra de la terquedad.
Limitado por minucias.

  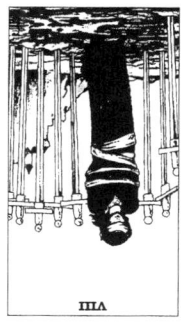 

Sota de Espadas invertida y
Ocho de Espadas al derecho

El egoísmo crea obstáculos.
La sordidez se convierte en un estorbo.
Restricciones despreciables.

Ocho de Espadas invertida y
Sota de Espadas al derecho

Liberado de las dificultades.
Liberado de la oposición.
Libre de la obstinación.

 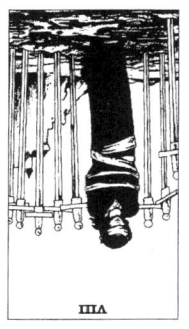 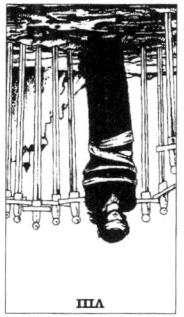 

Sota de Espadas invertida y
Ocho de Espadas invertida

Despejada la obstinación.
Destructivo para liberar.
Eliminada la mezquindad.

Ocho de Espadas invertida y
Sota de Espadas invertida

Libre de egoísmo.
Liberación de la sordidez.
Salvado de la obstinación.

*Reina de Espadas al derecho y
Sota de Espadas al derecho*

Una mujer terca.
La separación es difícil.
El divorcio crea oposición.

*Sota de Espadas al derecho y
Reina de Espadas al derecho*

Muchacha o muchacho se separa de (lo dirá la carta siguiente).
Divorcio difícil.
Separación agresiva.

*Reina de Espadas al derecho y
Sota de Espadas invertida*

Mujer (de su descripción) es desalmada.
El divorcio es sórdido.
La separación es destructiva.

*Sota de Espadas al derecho y
Reina de Espadas invertida*

Dificultad y prejuicio.
Oposición y rencor.
Agresiva y cruel.

*Reina de Espadas invertida y
Sota de Espadas al derecho*

Los celos crean dificultades.
Vengativa y agresiva.
Envidiosa y obstinada.

*Sota de Espadas invertida y
Reina de Espadas al derecho*

Divorcio destructivo.
Viuda terca.
Pérdida despreciable.

*Reina de Espadas invertida y
Sota de Espadas invertida*

Parcial y obstinada.
Envidiosa y sórdida.
Cruel y egoísta.

*Sota de Espadas invertida y
Reina de Espadas invertida*

Egoísta y rencorosa.
Sórdida y engañosa.
Destructiva y cruel.

Siete de Espadas al derecho y
Reina de Espadas al derecho

Divorcio fallido.
Decepción por una separación.
Fracaso y pérdida.

Reina de Espadas al derecho y
Siete de Espadas al derecho

Fracasa la separación.
Pérdida por robo.
El divorcio crea decepción.

   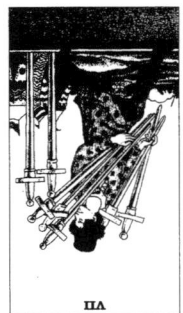

Siete de Espadas al derecho y
Reina de Espadas invertida

Desilusión por culpa de un engaño.
Tentativa de crueldad.
Fracaso por obra del rencor.

Reina de Espadas al derecho y
Siete de Espadas invertida

Se ensayó la separación.
El divorcio es inseguro.
Pérdida de la esperanza.

Siete de Espadas invertida y   *Reina de Espadas invertida y*
Reina de Espadas al derecho   *Siete de Espadas al derecho*

Insegura de la separación.   La venganza crea decepción.
Insegura acerca del divorcio.   Fracasa el engaño.
Dudas acerca de una viuda.   Tentativa de parcialidad.

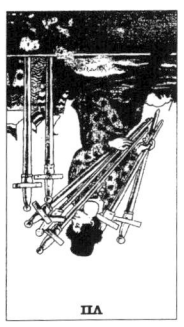     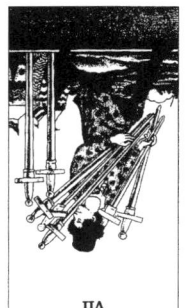

Siete de Espadas invertida y   *Reina de Espadas invertida y*
Reina de Espadas invertida   *Siete de Espadas invertida*

Trata de vengarse.   Los celos crean dudas.
Insegura acerca del engaño.   El engaño suscita incertidumbre.
Confusa ante los celos.   La crueldad destruye la esperanza.

Rey de Oros

Al derecho

Masculino.
Edad: más de 35.
Pelo: de castaño oscuro a negro.
Ojos: avellana o castaños.
Consejero económico.
Corredor.
Gerente.
Seguro de sí.
Frugal.
Riqueza.

Invertida

Masculino.
Edad: más de 35.
Pelo: de castaño oscuro a negro.
Ojos: avellana o castaños.
Ilógico.
Irracional.
Derrochador.
Jugador.
Irresponsable.
Infortunado.

Reina de Oros

Al derecho

Femenina.
Edad: más de 20.
Pelo: de castaño oscuro a negro.
Ojos: avellana o castaños.
Seguridad.
Riqueza.
Afortunada.
Próspera.
Abundancia.
Opulencia.

Invertida

Femenina.
Edad: más de 20.
Pelo: de castaño oscuro a negro.
Ojos: avellana o castaños.
Insegura.
Pobre.
Pródiga.
Vaga.
Perpleja.
Infortunada.

*Rey de Oros al derecho y
Reina de Oros al derecho*

Hombre y mujer (de su descripción).
Consejero económico sobre seguridad y riqueza.
El gerente da un consejo afortunado.
Seguro de sí y próspero.
Riqueza y seguridad.
Frugal con la riqueza.

*Rey de Oros invertida y
Reina de Oros invertida*

Hombre y mujer (de su descripción).
Ilógico e inseguro.
Irracional, también pobre.
Derrochador y confuso.
Jugador desafortunado.
Gasta irresponsablemente.

*Rey de Oros al derecho y
Reina de Oros invertida*

Hombre y mujer (de su descripción).
El consejero económico está perplejo.
Gerente que da un consejo vago.
Seguro, pero desafortunado.
Frugal, pero pobre.
Rico, pero inseguro.

Caballo de Oros

Al derecho	Invertida
Masculino.	Masculino.
Edad: 20-35.	*Edad:* 20-35.
Pelo: de castaño a negro.	*Pelo:* de castaño oscuro a negro.
Ojos: avellana o castaños.	*Ojos:* avellana o castaños.
Ambicioso.	Sin motivación.
Cuidadoso.	Despreocupado.
Responsable.	Irresponsable.
Fiable.	No se de fiar.
Fiel.	Infiel.
Honorable.	Deshonroso.

Sota de Oros

Al derecho	Invertida
Femenina o masculina.	Femenina o masculina.
Edad: 0-20.	*Edad:* 0-20.
Pelo: de castaño oscuro a negro.	*Pelo:* de castaño oscuro a negro.
Ojos: avellana o castaños.	*Ojos:* avellana o castaños.
Estudiosa.	Perezosa.
Se fija un objetivo.	Rebelde.
Motivada.	Desatenta.
Obediente.	Desobediente.
Atenta.	Torpe.
Diestra.	Insegura.

*Caballo de Oros al derecho y
Sota de Oros al derecho*

Hombre joven y juventud (de su descripción).
Ambicioso y estudioso riqueza.
Cuidadoso y atento.
Responsable y diestro.
Fiel y motivado.
Fiable y seguro de sí.

*Caballo de Oros invertida y
Sota de Oros invertida*

Hombre joven y juventud (de su descripción).
Sin motivación y perezoso.
Despreocupado y torpe.
Irresponsable y desatento.
Indecoroso y rebelde.
Falso e inseguro.

*Caballo de Oros al derecho y
Sota de Oros invertida*

Hombre joven y juventud (de su descripción).
Ambicioso, pero perezoso.
Cuidadoso, pero inseguro.
Responsable, pero torpe.
Honorable, pero desatento.
Fiel, se torna rebelde.

As de Oros

Al derecho

Dinero.
Riqueza.
Éxito.
Prosperidad.
Suerte.
Afortunado.

Invertida

Complicaciones.
Deudas.
Gastos.
Inseguridad.
Pérdida.
Infortunio.

Dos de Oros

Al derecho

Intercambio.
Transferencia.
Manipulación.
Equilibrio.
Compartir.
Comunicación
 (correo, teléfono
 mensajes, noticias.)

Invertida

Trueque.
Desequilibrio.
Moderación.
Retener.
Desigualdad.
Comunicaciones
 demoradas.

*As de Oros al derecho y
Dos de Oros al derecho*

Transferencia de dinero.
Manipulación de riqueza.
Éxito equilibrado.
Prosperidad compartida.
Intercambio afortunado.
Suerte con la comunicación.

*As de Oros invertida y
Dos de Oros invertida*

Complicaciones debidas a un desequilibrio.
Deudas superadas por un trueque.
Los gastos son diferidos.
La inseguridad demora la comunicación.
La pérdida puede ser moderada.
Infortunado debida a la desigualdad.

*As de Oros al derecho y
Dos de Oros invertida*

Retención del dinero.
Riqueza con moderación.
El éxito requiere equilibrio.
Prosperidad con un trueque.
Las comunicaciones afortunadas son demoradas.
La suerte es moderada.

Tres de Oros

Al derecho

Trato.
Destreza.
Maestría.
Destacar.
Encargo.
Pericia.

Invertida

Trabajador.
Sin preparación.
No calificado.
Bisoño.
Incompetencia.
Mediocridad.

Cuatro de Oros

Al derecho

Tenacidad.
Certeza.
Fiable.
Seguridad.
Posesivo.
Aferrarse.

Invertida

Demoras.
Incertidumbre.
Inseguro.
Vacilación.
Vago.
Duda.

*Tres de Oros al derecho y
Cuatro de Oros al derecho*

Tenacidad en el oficio.
Certidumbre en la destreza.
Pericia fiable.
Posesión de maestría.
Seguridad de destacar.
Observar el encargo.

*Tres de Oros invertida y
Cuatro de Oros invertida*

El trabajador se muestra dudoso.
Sin destreza e inseguro.
No calificado, vacila.
La incompetencia causa demoras.
El bisoño carece de seguridad.
El mediocre duda.

*Tres de Oros al derecho y
Cuatro de Oros invertida*

El trato es incierto.
La destreza no es segura.
Pericia dudosa.
La maestría es imprecisa.
No hay seguridad de destacar.
El encargo es diferido.

Cinco de Oros

Al derecho

Pobreza.
Destitución.
Insuficiencia.
Inadecuación.
Hambre.
Escasez.

Invertida

Empobrecimiento.
Disturbio.
Trastorno.
Desorden.
Vacío.
Caos.

Seis de Oros

Al derecho

Distribución.
Donación.
Distinción.
Regalo.
Dar.
Favor.

Invertida

Rechazo.
Denegación.
Retener.
Injusto.
Rehusar.
Negativo.

*Cinco de Oros al derecho y
Seis de Oros al derecho*

La pobreza superada por un regalo.
Desamparado, le conceden un premio.
Distribución insuficiente.
Donación inadecuada.
El hambre aliviada por una entrega.
Escaso de favores.

*Cinco de Oros invertida y
Seis de Oros invertida*

Empobrecido, retiene.
Disturbio suscitado por una injusticia.
Trastorno causado por una denegación.
Desorden que sigue al rechazo.
Vacío, negativo.
Caos por rehusar.

*Cinco de Oros al derecho y
Seis de Oros invertida*

Pobreza por distribución injusta.
Desamparado por una acción negativa.
Insuficiencia por denegación.
Inadecuado por obra de un rechazo.
Hambre por retener bienes.
Escasez por rehusar.

Siete de Oros

Al derecho

Negocios.
Oficio.
Financiación.
Planificación.
Riqueza.
Ocupación.

Invertida

Ansiedad.
Recelo.
Titubeo.
Indiferente.
Inseguridad.
Desconfianza.

Ocho de Oros

Al derecho

Aprendiz.
Estudioso.
Carrera.
Estudiante.
Sin calificar.
Empleo.

Invertida

Trabajador.
Incompetente.
Desinteresado.
Negligente.
Inactivo.
Astucia.

*Siete de Oros al derecho y
Ocho de Oros al derecho*

Trayectoria empresarial.
Aprendiz del oficio.
Estudiante de ciencias empresariales.
Planificación de un empleo.
Riqueza, aunque no calificado.
Profesión aprendida.

*Siete de Oros invertida y
Ocho de oros invertida*

Ansiedad, sensación de incompetencia.
Recelo y falta de interés.
Titubeo por causa de la inactividad.
Indiferencia de un trabajador.
Inseguridad por negligencia.
Desconfianza y astucia.

*Siete de Oros al derecho y
Ocho de Oros invertida*

Los negocios están inactivos.
Incompetencia en el oficio.
Desinterés económico.
Planificación negligente.
Rico y astuto.
Ocupación, trabajo.

Nueve de Oros

Al derecho

Abundancia.
Seguridad.
Riqueza.
Próspero.
Lujo.
Opulencia.

Invertida

Escasez.
Inseguridad.
Empobrecido.
Dificultades.
Adversidades.
Insuficiencia.

Diez de Oros

Al derecho

Residencia.
Familia.
Fortuna.
Favorable.
Riqueza.
Herencia.

Invertida

Riesgo.
Suerte.
Azar.
Juego.
Incierto.
Desacuerdos.

Nueve de Oros al derecho y
Diez de Oros al derecho

Abundancia, buena fortuna.
Seguridad, riqueza.
Herencia acaudalada.
Prosperidad, favorable.
Residencia lujosa.
Familia opulenta.

Nueve de Oros invertida y
Diez de Oros invertida

Escasez por correr riesgos.
La inseguridad por culpa de la suerte.
Adversidad, juego.
Insuficiente, inseguro.
Dificultades emanadas de desacuerdos.

Nueve de Oros al derecho y
Diez de Oros invertida

Abundancia insegura.
La seguridad corre un riesgo.
Riqueza aleatoria.
Jugar con la prosperidad.
El lujo es azaroso.
La opulencia conduce a desacuerdos.

Rey de Oros al derecho y
Ocho de Oros al derecho

Asesor financiero como carrera.
El gerente carece de formación.
Estudiante seguro de sí.

Ocho de Oros al derecho y
Rey de Oros al derecho

Empleo como regente.
Asesor financiero sin destreza.
Aprendiz de corredor.

Rey de Oros al derecho y
Ocho de Oros invertida

El gerente es incompetente.
El asesor económico es astuto.
Trabajador seguro de sí.

Ocho de Oros al derecho y
Rey de Oros invertida

El estudiante es ilógico.
Sin formación e irracional.
Empleo desafortunado.

*Rey de Oros invertida y
Ocho de Oros al derecho*

Estudiante infortunado.
Aprendiz irracional.
Jugar con la carrera profesional.

*Ocho de Oros invertida y
Rey de Oros al derecho*

Gerente desinteresado.
Consejero financiero incompetente.
Corredor negligente.

*Rey de Oros invertida y
Ocho de Oros invertida*

Jugador astuto.
Irracional e incompetente.
Ilógico y negligente.

*Ocho de Oros invertida y
Rey de Oros invertida*

Negligente y despilfarrador.
Trabajador irracional.
Desinteresado e ilógico.

Siete de Oros al derecho y
As de Oros al derecho

Éxito empresarial.
Prosperidad profesional.
Riqueza económica.

As de Oros al derecho y
Siete de Oros al derecho

Ocupación próspera.
Profesión opulenta.
Empresa con éxito.

Siete de Oros al derecho y
As de Oros invertida

Deudas financieras.
Complicaciones en los negocios.
Pérdida profesional.

As de Oros al derecho y
Siete de Oros invertida

Inseguridad del dinero.
La suerte es ciega.
El éxito crea ansiedad.

Siete de Oros invertida y
As de Oros al derecho

Ansiedad por el dinero.
Recelo por el éxito.
Titubeos en la prosperidad.

As de Oros invertida y
Siete de Oros al derecho

Complicaciones en los negocios.
Inseguro en un empleo.
Pérdida de riqueza.

Siete de Oros invertida y
As de Oros invertida

Ansiedad por las deudas.
Titubeo debido a las complicaciones.
Indiferencia acerca de la pérdida.

As de Oros invertida y
Siete de Oros invertida

Las complicaciones crean ansiedad.
Pérdida por titubear.
Las deudas crean inseguridad.

Sota de Oros al derecho y
Ocho de Oros al derecho

Aprendiz estudioso.
Estudiante atento.
Muchacha o muchacho inicia una carrera profesional.

Ocho de Oros al derecho y
Sota de Oros al derecho

Sin formación, pero diestro.
El estudiante está atento.
el estudiante es obediente.

Sota de Oros al derecho y
Ocho de Oros invertida

Trabajador diestro.
Estudioso pero astuto.
Chica o chico desinteresado.

Ocho de Oros al derecho y
Sota de Oros invertida

Aprendiz perezoso.
El estudiante es desobediente.
El aprendiz se muestra inseguro.

*Sota de Oros invertida y
Ocho de Oros al derecho*

Estudiante perezoso.
Aprendiz torpe.
Rebelde respecto de una carrera.

*Ocho de Oros invertida y
Sota de Oros al derecho*

Trabajador seguro de sí.
Negligente, pero obediente.
No le interesa la motivación.

*Sota de Oros invertida y
Ocho de Oros invertida*

Perezoso e incompetente.
Torpe y negligente.
Rebelde y astuto.

*Ocho de Oros invertida y
Sota de Oros invertida*

Inactivo y perezoso.
Desinteresado e inseguro.
Incompetente y torpe.

Reina de Oros al derecho y
Siete de Oros al derecho

Negocio próspero.
Oficio afortunado.
Ocupación segura.

Siete de Oros al derecho y
Reina de Oros al derecho

Seguridad financiera.
El negocio es próspero.
El oficio es afortunado.

Reina de Oros al derecho y
Siete de Oros invertida

La seguridad es laxa.
La riqueza crea ansiedad.
La mujer se siente insegura.

Siete de Oros al derecho y
Reina de Oros invertida

Los negocios van mal.
El oficio es desafortunado.
La ocupación es vaga.

*Reina de Oros invertida y
Siete de Oros al derecho*

Perplejo respecto de la ocupación.
Inseguro acerca de los negocios.
Desafortunado en el oficio.

*Siete de Oros invertida y
Reina de Oros al derecho*

Ansiedad por la seguridad.
Recelo acerca de esta mujer.
Indiferente ante la riqueza.

*Reina de Oros invertida y
Siete de Oros invertida*

Perplejo y ansioso.
Recelos desafortunados.
Vago y vacilante.

*Siete de Oros invertida y
Reina de Oros invertida*

Indiferente y vago.
Ansiedad por ser pobre.
El titubeo crea inseguridad.

*Caballo de Oros al derecho y
Siete de Oros al derecho*

Muchacho (de su descripción) es ambicioso en los negocios.
Cuidado respecto del oficio.
Ocupación responsable.

*Siete de Oros al derecho y
Caballo de Oros al derecho*

Las finanzas son fiables.
La planificación es cuidadosa.
El oficio es honorable.

*Caballo de Oros al derecho y
Siete de Oros invertida*

El joven está ansioso.
Cuidadoso y vacilante.
Fiable, pero indiferente.

*Siete de Oros al derecho y
Caballo de Oros invertida*

La financiación es insegura.
La ocupación es deshonrosa.
La planificación es descuidada.

Caballo de Oros invertida y
Siete de Oros al derecho

Sin motivación respecto de la ocupación.
Irresponsable en los negocios.
Financiación que no es fiable.

Siete de Oros invertida y
Caballo de Oros al derecho

Ansiedad en relación con este joven (de su descripción).
Inseguro, pero ambicioso.
Indiferente ante las responsabilidades.

Caballo de Oros invertida y
Siete de Oros invertida

Despreocupado e indiferente.
Inseguro, vacila.
La irresponsabilidad crea inseguridad.

Siete de Oros invertida y
Caballo de Oros invertida

Ansiedad causada por la infidelidad.
Titubeo por carecer de motivación.
Indiferente e irresponsable.

Cinco de Oros al derecho y
As de Oros al derecho

Desamparo en lo que atañe al dinero.
Riqueza insuficiente.
Del hambre a la prosperidad.

As de Oros al derecho y
Cinco de Oros al derecho

Dinero insuficiente.
Suerte inadecuada.
De la prosperidad a la pobreza.

Cinco de Oros al derecho y
As de Oros invertida

Pobreza debida a las deudas.
Desamparado por culpa del infortunio.
Inadecuación por una pérdida.

As de Oros al derecho y
Cinco de Oros invertida

Trastornos económicos.
El éxito entre el desorden.
La riqueza sumida en el caos.

*Cinco de Oros invertida y
As de Oros al derecho*

El desorden resulta afortunado.
Empobrecido con dinero.
Trastorno con riqueza.

*As de Oros invertida y
Cinco de Oros al derecho*

Complicaciones debidas a la insuficiencia.
Las deudas crean pobreza.
Pérdida y desamparo.

*Cinco de Oros invertida y
As de Oros invertida*

Caos debida a deudas.
Trastornos por los gastos.
El desorden suscita complicaciones.

*As de Oros invertida y
Cinco de Oros invertida*

Inseguridad debida a empobrecimiento.
La pérdida crea el caos.
Infortunio y trastorno.

*Dos de Oros al derecho y
Diez de Oros al derecho*

Comunicación con la familia.
Cambio de residencia.
Compartir la herencia.

*Diez de Oros al derecho y
Dos de Oros al derecho*

Familia trasladada.
La riqueza es compartida.
Comunicación favorable.

   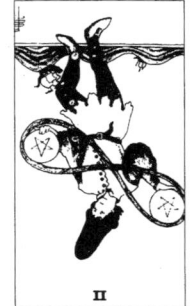

*Dos de Oros al derecho y
Diez de Oros invertida*

El traslado es inseguro.
La comunicación es arriesgada.
Intercambio de desacuerdos.

*Diez de Oros al derecho y
Dos de Oros invertida*

La herencia es moderada.
Trueque favorable.
Demora en la comunicación con la familia.

Dos de Oros invertida y
Diez de Oros al derecho

Desequilibrio de riqueza.
Desigualdad con la herencia.
Fortuna moderada.

Diez de Oros invertida y
Dos de Oros al derecho

Traslado azaroso.
Desacuerdos a través de la comunicación.
Es arriesgado compartir.

Dos de Oros invertida y
Diez de Oros invertida

El trueque es arriesgado.
Desacuerdos moderados.
Las demoras en la comunicación crean incertidumbre.

Diez de Oros invertida y
Dos de Oros invertida

Jugar con moderación.
Desacuerdos sobre el trueque.
Desequilibrio azaroso.

*Cuatro de Oros al derecho y
Nueve de Oros al derecho*

Seguro de la prosperidad.
Aferrarse a la seguridad.
Posesivo en lo que se refiere a la riqueza.

*Nueve de Oros al derecho y
Cuatro de Oros al derecho*

La seguridad es sólida.
La riqueza es cierta.
Opulento y fiable.

*Cuatro de Oros al derecho y
Nueve de Oros invertido*

Posesivo a causa de la inseguridad.
Certidumbre a través de las dificultades.
Perseverar en la adversidad.

*Nueve de Oros al derecho y
Cuatro de Oros invertida*

La seguridad es incierta.
La riqueza es vaga.
Los lujos son diferidos.

*Cuatro de Oros invertida y
Nueve de Oros al derecho*

Incierto respecto de la seguridad.
Demoras en la riqueza.
Dudas acerca de la prosperidad.

*Nueve de Oros invertida y
Cuatro de Oros al derecho*

Dificultades causadas por el afán de
   posesión.
Las adversidades son ciertas.
Inseguridad, necesidad de garantías.

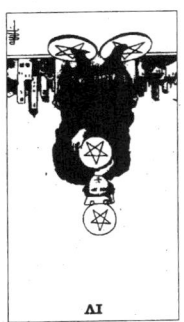   

*Cuatro de Oros invertida y
Nueve de Oros invertida*

Demoras a través de la escasez.
Las incertidumbres suscitan dificul-
   tades.
Vacilación debida a inseguridad.

*Nueve de Oros invertida y
Cuatro de Oros invertida*

Dificultades entre las dudas.
Las adversidades crean demoras.
Insuficiente e incierto.

Reina de Oros al derecho y
Tres de Oros al derecho

Seguridad en el oficio.
Abundancia de destrezas.
Encargo afortunado.

Tres de Oros al derecho y
Reina de Oros al derecho

La maestría crea seguridad.
La pericia crea riqueza.
Oficio próspero.

Reina de Oros al derecho y
Tres de Oros invertida

La riqueza es mediocre.
La muejr es incompetente.
Seguridad como trabajador.

Tres de Oros al derecho y
Reina de Oros invertida

Las destrezas son vagas.
El oficio es desafortunado.
Pericia escasa.

Reina de Oros invertida y
Tres de Oros al derecho

Perplejo acerca de un oficio.
Vago sobre un encargo.
Pericia escasa.

Tres de Oros invertida y
Reina de Oros al derecho

Mujer no calificada.
Falta de riqueza.
Trabajador afortunado.

Reina de Oros invertida y
Tres de Oros invertida

Trabajador perplejo.
Vago e incompetente.
Infortunado por carecer de calificación.

Tres de Oros invertida y
Reina de Oros invertida

Trabajador deficiente.
No calificado e inseguro.
El bisoño es vago.

*Caballo de Oros al derecho y
Ocho de Oros al derecho*

Estudiante ambicioso.
Aprendiz responsable.
Cuidadoso con la carrera.

*Ocho de Oros al derecho y
Caballo de Oros al derecho*

Sin calificación pero fiable.
La carrera es honorable.
El estudiante es responsable.

*Caballo de Oros al derecho y
Ocho de Oros invertida*

Trabajador responsable.
Ambicioso y astuto.
Honorable pero negligente.

*Ocho de Oros al derecho y
Caballo de Oros invertida*

Aprendiz descuidado.
El estudiante es irresponsable.
La carrera es insegura.

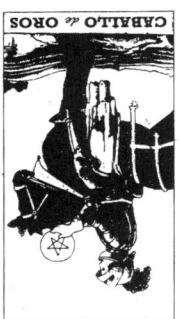   

Caballo de Oros invertida y
Ocho de Oros al derecho

Sin motivación para la carrera.
Aprendiz irresponsable.

Ocho de Oros invertida y
Caballo de Oros al derecho

El trabajador es ambicioso.
Negligente pero fiel.
Desinteresado pero fiable.

Caballo de Oros invertida y
Ocho de Oros invertida

Irresponsable y negligente.
Trabajador sin motivación.
Falso e incompetente.

Ocho de Oros invertida y
Caballo de Oros invertida

Desinteresado y despreocupado.
Negligente y no fiable.
Astuto e irresponsable.

Cinco de Oros al derecho y
Diez de Oros al derecho

Dinero inadecuado.
Familia desamparada.
Herencia insuficiente.

Diez de Oros al derecho y
Cinco de Oros al derecho

Herencia inadecuada.
Riqueza insuficiente.
Pobreza de la familia.

Cinco de Oros al derecho y
Diez de Oros invertida

El azar del hambre.
Desamparo por obra del juego.
Pobreza y desacuerdos.

Diez de Oros al derecho y
Cinco de Oros invertida

La familia está empobrecida.
La herencia crea trastornos.
Caos en la economía.

*Cinco de Oros invertida y
Diez de Oros al derecho*

Trastornos con la residencia.
Desorden en el seno de la familia.
Desorden y luego riqueza.

*Diez de Oros invertida y
Cinco de Oros al derecho*

El juego suscita desamparo.
Riesgo de pobreza.
Azares y escasez.

*Cinco de Oros invertida y
Diez de Oros invertida*

El disturbio determina incertidumbre.
Los trastornos conducen a desacuerdos.
Caos azaroso.

*Diez de Oros invertida y
Cinco de Oros invertida*

Los desacuerdos causan trastornos.
El juego provoca desorden.
El riesgo causa disturbios.

Sota de Oros al derecho y
Rey de Oros al derecho

Gerente diestro.
Atento y seguro de sí.
Motivado para ser un corredor.

Rey de Oros al derecho y
Sota de Oros al derecho

Gerente atento.
Hombre (de su descripción) y una muchacha o un muchacho.
Corredor diestro.

Sota de Oros al derecho y
Rey de Oros invertida

Chica o chico que se comporta irresponsablemente.
Atento pero ilógico.
Seguro de sí como jugador.

Rey de Oros al derecho y
Sota de Oros invertida

Hombre torpe.
Gerente rebelde.
Corredor perezoso.

Sota de Oros invertida y
Rey de Oros al derecho

Gerente torpe.
Hombre perezoso (de su descripción).
Consejero económico desatento.

Rey de Oros invertida y
Sota de Oros al derecho

Su motivación es ilógica.
Joven infortunado.
Jugador diestro.

Sota de Oros invertida y
Rey de Oros invertida

Perezoso e ilógico.
Torpe y derrochador.
Rebelde e irresponsable.

Rey de Oros invertida y
Sota de Oros invertida

Irresponsable y desobediente.
Derrochador y perezoso.
Infortunado y torpe.

*Nueve de Oros al derecho y
Siete de Oros al derecho*

Seguridad en los negocios.
Comercio próspero.
Opulencia y riqueza.

*Siete de Oros al derecho y
Nueve de Oros al derecho*

Seguridad del negocio.
Riqueza económica.
Riqueza y abundancia.

*Nueve de Oros al derecho y
Siete de Oros invertida*

El lujo crea ansiedad.
La riqueza es incierta.
La abundancia alivia la inseguridad.

*Siete de Oros al derecho y
Nueve de Oros invertida*

Dificultades en los negocios.
Adversidades comerciales.
Insuficiencia financiera.

*Nueve de Oros invertida y
Siete de Oros al derecho*

Escasez de negocio.
Inseguro en un oficio.
Dificultades con la planificación.

*Siete de Oros invertida y
Nueve de Oros al derecho*

Ansiedad por la seguridad.
Recelo acerca de la riqueza.
Indiferencia hacia el lujo.

*Nueve de Oros invertida y
Siete de Oros invertida*

La escasez suscita ansiedad.
Dificultades debidas a la vacilación.
Adversidades y recelos.

*Siete de Oros invertida y
Nueve de Oros invertida*

Ansiedad e inseguridad.
Indiferencia ante el empobrecimiento.
Desconfianza a través de las adversidades.

*Rey de Oros al derecho y
Cuatro de Oros al derecho*

Fiable consejo económico.
El gerente posee tenacidad.
La riqueza es cierta.

*Cuatro de Oros al derecho y
Rey de Oros al derecho*

Aferrarse a la riqueza.
Garantías de un asesor económico.
Gerente fiable.

*Rey de Oros al derecho y
Cuatro de Oros invertida*

Asesor económico incierto.
El gerente se muestra vago.
Un hombre experimenta demoras.

*Cuatro de Oros al derecho y
Rey de Oros invertida*

Posesivo e irresponsable.
Aferrarse al juego.
La garantía es ilógica.

*Rey de Oros invertida y
Cuatro de Oros al derecho*

El jugador es tenaz.
Garantía ilógica.
Irracional y posesivo.

*Cuatro de Oros invertida y
Rey de Oros al derecho*

Demoras causadas por este hombre.
Inseguro acerca del consejo económico.
Dudas acerca de un gerente.

*Rey de Oros invertida y
Cuatro de Oros invertida*

Ilógico y vago.
La irresponsabilidad suscita incertidumbre.
Demoradas infortunadas.

*Cuatro de Oros invertida y
Rey de Oros invertida*

Demoras debidas a sus derroches.
Inseguro acerca de un jugador.
Vago e ilógico.

Dos de Oros al derecho y
Reina de Oros al derecho

Compartir la prosperidad.
Transferencia de riqueza.
Comunicación de esta mujer (de su descripción).

Reina de Oros al derecho y
Dos de Oros al derecho

Intercambio afortunado.
Transferencia próspera.
Mujer (de su descripción) envía un mensaje.

Dos de Oros al derecho y
Reina de Oros invertida

El intercambio es escaso.
La comunicación es vaga.
Equilibrio requerido por un derroche.

Reina de Oros al derecho y
Dos de Oros invertida

Riqueza moderada.
Seguridad mantenida.
Trueque próspero.

Dos de Oros invertida y
Reina de Oros al derecho

Retener la riqueza.
Seguridad moderada.
Trueque afortunado.

Reina de Oros invertida y
Dos de Oros al derecho

Comunicación infortunada.
Perplejo acerca de un traslado.
Intercambio escaso.

     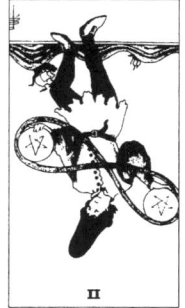

Dos de Oros invertida y
Reina de Oros invertida

La demora en la comunicación crea inseguridad.
Desequilibrio suscitado por ser un despilfarrador.
Trueque deficiente.

Reina de Oros invertida y
Dos de Oros invertida

Desequilibrio escaso.
Infortunadas demoras en la comunicación.
Vago acerca del trueque.

As de Oros al derecho y
Diez de Oros al derecho

Familia adinerada.
Dinero favorable.
Herencia afortunada.

Diez de Oros al derecho y
As de Oros al derecho

Riqueza y éxito.
Fortuna y suerte.
La familia es afortunada.

As de Oros al derecho y
Diez de Oros invertida

Jugada afortunada.
La suerte es incierta.
Desacuerdos sobre el dinero.

Diez de Oros al derecho y
As de Oros invertida

Complicaciones familiares.
Fortuna perdida.
Gasto favorable.

As de Oros invertida y
Diez de Oros al derecho

Pérdida de residencia.
Complicaciones acerca de una herencia.
Inseguridad con la familia.

Diez de Oros invertida y
As de Oros al derecho

Desacuerdos sobre dinero.
Inseguridad respecto del éxito.
Arriesgar la riqueza.

As de Oros invertida y
Diez de Oros invertida

Complicaciones y desacuerdos.
Deudas causadas por el juego.
Gasto incierto.

Diez de Oros invertida y
As de Oros invertida

Oportunidad perdida.
Gasto arriesgado.
El juego suscita infortunio.

CUARTA PARTE

Combinaciones aleatorias de cartas

En esta sección comenzamos a operar con diferentes combinaciones aleatorias que incluyen los cuatro palos y los Arcanos Mayores. Partimos de la lectura de dos cartas al derecho, luego de una al derecho y otra invertida y después las dos invertidas. Continuando con esta práctica, pasaremos a las combinaciones de tres y de cuatro cartas. Esta sección pretende enseñarle cómo funcionan las combinaciones. Muchas de las interpretaciones son repetitivas. Pero de este modo conseguiremos ver la manera en que cambia la historia, cómo la energía se mueve de maneras diferentes, para llegar a ser capaces de leer las cartas en beneficio de personas que acudan a nosotros y de referirles con exactitud el modo en que las cartas reflejan lo que sucede a quien formula las preguntas.

Los Enamorados y El Sumo Sacerdote

Los enamorados se unen en matrimonio.
Asentimiento de los socios.
La relación logra aprobación.

Los Enamorados y el Seis de Bastos

Triunfo de los enamorados.
Los socios logran el éxito.
La relación es gratificante.

Los Enamorados y el Tres de Copas

Celebración de los enamorados.
Reunión de los socios.
La relación es feliz.

Los Enamorados y el Cinco de Espadas

Los enamorados se separan.
Conflicto entre los socios.
La relación se pierde.

Los Enamorados y el Siete de Oros

Socios en una empresa.
Los enamorados planifican (económicamente).
Apego a la riqueza.

Dos de Copas y La Muerte

Amor perdido.
Cesa la relación.
Concluye el compromiso.

Dos de Copas y Diez de Bastos

Una relación bajo presión.
La asociación sufre dificultades.
La amistad se convierte en una carga.

Dos de Copas y Seis de Copas

Reconciliación en la relación.
Compromiso del pasado.
Retorna la amistad.

Dos de Copas y Ocho de Espadas

El compromiso crea obstáculos.
La relación suscita restricciones.
Amistad estorbada.

Dos de Copas y Rey de Oros

Relación con un hombre (de su descripción).
Amistad con un gerente.
Asociado como corredor.

Caballo de Espadas y El Juicio

Cambio súbito.
Trastornos inesperados.
Hombre (de su descripción) logra un traslado.

Caballo de Espadas y Cuatro de Bastos

Celebración inesperada.
Felicidad súbita.
Pérdida de la armonía.

Caballo de Espadas y Cinco de Copas

Pérdida repentina.
Rechazo inesperado.
Hombre (de su descripción) sufre un pesar.

Caballo de Espadas y Cuatro de Espadas

Enfermedad súbita.
Demoras inesperadas.
Hombre (de su descripción) convalece.

Caballo de Espadas y Diez de Oros

Herencia inesperada.
Trastornos en el seno de la familia.
Pérdida de residencia.

Siete de Oros y El Carro

Viaje de negocios.
Movimiento comercial.
Proyecto de mudanza.

Siete de Oros y Tres de Bastos

Éxito empresarial.
El comercio es ventajoso.
Financiación realizada.

Siete de Oros y As de Copas

Satisfacción por el negocio.
La ocupación produce satisfacción.
Éxito comercial.

Siete de Oros y Sota de Espadas

Los negocios son duros.
El comercio es difícil.
Ocupación para una chica o un chico.

Siete de Oros y Tres de Oros

Destreza empresarial.
Destaca en el comercio.
Financiación de un trato.

La Justicia y El Sol

La justicia es gratificante.
Éxito legal.
Se logra la equidad.

La Justicia y Cinco de Bastos

Desacuerdos legales.
Disputas judiciales.
La Justicia en conflicto.

La Justicia y Siete de Copas

Decisión legal.
El tribunal delibera.
Igualdad con elección.

 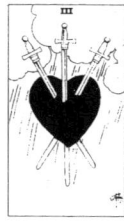

La Justicia y Tres de Espadas

Conflicto legal.
La justicia perdida.
La sentencia judicial causa pena.

La Justicia y Seis de Oros

Distribución legal.
Se hace justicia.
El tribunal es favorable.

Caballo de Copas y Los Enamorados

Hombre (de su descripción) brinda una relación.
Propuesta de un socio.
Se acerca un amante.

Caballo de Copas y As de Bastos

Hombre (de su descripción) comienza un nuevo trabajo.
Oferta de un nuevo inicio.
Propuesta de cambio.

Caballo de Copas y Diez de Copas

Llegada de la familia.
Un hombre brinda una invitación que aporta alegría.
Propuesta que suscita satisfacción.

Caballo de Copas y Rey de Espadas

Se acerca un hombre (que ocupa un cargo oficial).
Oferta de mando.
Invitación de un hombre uniformado.

Caballo de Copas y As de Oros

Oferta de dinero.
Se acerca la suerte.
Invitación afortunada.

Los Enamorados y El Emperador invertida

La relación es inestable.
Amantes indecisos.
El apego es débil.

Los Enamorados y As de Bastos invertida

Acaba la relación entre los amantes.
Falla la combinación.
Cesa la asociación.

Los Enamorados y Dos de Copas invertida

Ruptura entre los amantes.
Quiebra de la asociación.
La relación se torna frustrante.

Los Enamorados y Tres de Espadas invertida

Los Amantes experimentan confusión.
La relación aporta angustia.
La unión causa tristeza.

Los Enamorados y Cuatro de Oros invertida

Los amantes tienen dudas.
Los socios se sienten inseguros.
La relación experimenta incertidumbre.

Cuatro de Bastos y El Sol invertida

La celebración fracasa.
Perdida la felicidad.
Falla la satisfacción.

Cuatro de Bastos y Siete de Bastos invertida

La felicidad despeja obstáculos.
A la celebración siguen retrocesos.
La satisfacción despeja oposición.

Cuatro de Bastos y Cinco de Copas invertida

Feliz reconciliación.
Celebración aceptada.
Placer en la cooperación.

Cuatro de Bastos y Nueve de Espadas invertida

El placer se torna infelicidad.
La felicidad se vuelve pesar.
La celebración causa pena.

Cuatro de Bastos y Diez de Oros invertida

La celebración supone riesgo.
La satisfacción permite aprovechar una oportunidad.
Felicidad seguida por incertidumbre.

As de Copas y El Diablo invertida

Desacuerdos matrimoniales.
La satisfacción se vuelve discordia.
De la felicidad a las frustraciones.

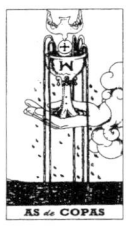 

As de Copas y Cuatro de Bastos invertida

El matrimonio es tranquilo.
Felicidad y placer.
Abundancia de paz.

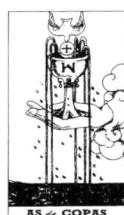 

As de Copas y Tres de Copas invertida

Fiesta del matrimonio.
Grupo feliz.
Éxito con una conferencia.

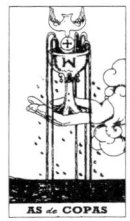 

As de Copas y Siete de Espadas invertida

Matrimonio fallido.
El éxito es dudoso.
La felicidad es incierta.

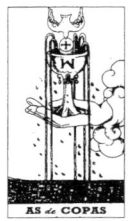 

As de Copas y Tres de Oros invertida

Matrimonio con un trabajador.
Satisfecho de carecer de calificación.
Éxito mediocre.

Reina de Espadas y La Estrella invertida

La viudedad es inesperada.
El divorcio es desfavorable.
Separación por causa de abandono.

Reina de Espadas y Dos de Bastos invertida

La viudedad determina dificultades.
El divorcio conduce a la frustración.
La separación crea obstáculos.

 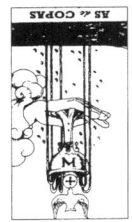

Reina de Espadas y As de Copas invertida

Mujer (de su descripción) descontenta.
La separación aporta decepción.
Dolor por la deslealtad.

Reina de Espadas y Cinco de Espadas invertida

Pérdida que causa depresión.
Separación tras el rechazo.
Aflicción y opresión.

Reina de Espadas y As de Oros invertida

Divorcio seguido por pérdida de riqueza.
La separación crea complicaciones económicas.
Mujer (de su descripción) insegura acerca de la riqueza.

As de Oros y La Muerte invertida

Prosigue la riqueza.
El éxito es lento.
La suerte está estancada.

As de Oros y Tres de Bastos invertida

El dinero está incompleto.
El éxito se transforma en fracaso.
La riqueza no tiene éxito.

As de Oros y Cuatro de Copas invertida

Oportunidad afortunada.
Éxito optimista.
Dinero, ayuda (económica).

As de Oros y As de Espadas invertida

Se pierde la riqueza.
El éxito a través de la sumisión.
Derrota afortunada.

As de Oros y Cinco de Oros invertida

Caos económico.
Tratornos financieros.
El éxito a través del desorden.

 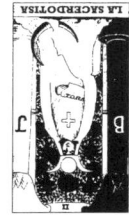

La Muerte y La Sacerdotisa invertida

Final del chismorreo.
Destrucción por obra de la mentira.
Pérdida por deslealtad.

La Muerte y Ocho de Bastos invertida

Deja de estar inmóvil.
Final de la demora.
Pérdida por lentitud.

La Muerte y Ocho de Copas invertida

Final de una reunión.
Reunión última.
Deja de acercarse.

La Muerte y el Dos de Espadas invertida

Pérdida por error de interpretación.
Final de la indecisión.
Destrucción por error.

La Muerte y Nueve de Oros invertida

Final de las dificultades.
Pérdida por insuficiencia.
Adversidades últimas.

La Templanza y La Torre invertidas

La indulgencia crea efectos adversos.
Necesidad de limitar el exceso (verbigracia, bebida/drogas).
Abuso, cautela.

La Templanza y Diez de Bastos invertidas

Exceso de placeres.
Condescender para hallar alivio.
Abuso de comodidades.

La Templanza y Diez de Copas invertidas

La intoxicación suscita lamentaciones.
La indulgencia crea tristeza.
El abuso causa pesar.

La Templanza y Diez de Espadas invertidas

La glotonería crea humillación.
La indulgencia aporta desgracia.
La intoxicación suscita vergüenza.

La Templanza y Cinco de Oros invertidas

La indulgencia crea desorden.
La intoxicación crea caos.
El abuso suscita trastornos.

 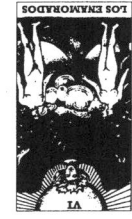

Cuatro de Copas y Los Enamorados invertidas

La asistencia crea frustraciones.
Optimista por hallarse desligado.
Deseo de separarse.

Cuatro de Copas y Caballo de Oros invertidas

Asistencia para este joven (de su descripción) sin motivación.
La oportunidad es insegura.
Deseo de ser infame.

Cuatro de Copas y Cinco de Bastos invertidas

Deseo de un acuerdo.
Oportunidad de una transacción.
Optimista acerca de una amistad.

Cuatro de Copas y Tres de Copas invertidas

Esperanza de tener una fiesta.
Deseo de ser indulgente en exceso.
Optimista acerca de una reunión.

Cuatro de Copas y Siete de Espadas invertidas

Deseo irrealizado.
Esperanza optimista.
La oportunidad es incierta.

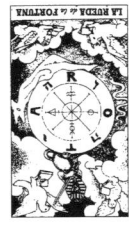

Dos de Espadas y La Rueda de la Fortuna invertidas

Inseguro acerca del destino.
Con prejuicios y sin motivación.
La indecisión crea demoras.

Dos de Espadas y Seis de Bastos invertidas

La indecisión crea problemas.
El error crea pérdida.
La incertidumbre crea demoras.

Dos de Espadas y Nueve de Copas invertidas

El error causa decepción.
El prejuicio puede conducir al descontento.
Un error de interpretación causa insatisfacción.

Dos de Espadas y Cinco de Espadas invertidas

Indecisión debida a depresión.
La incertidumbre crea opresión.
El error induce al rechazo.

Dos de Espadas y Cinco de Oros invertidas

Un fallo de interpretación determina desorden.
La indecisión puede causar trastornos.
El error crea el caos.

As de Oros y El Colgado invertidas

Complicaciones, emprenda por tanto una acción.
Mejoran las deudas.
Se acerca el infortunio.

As de Oros y As de Bastos invertidas

Las complicaciones suscitan un fracaso.
Concluye la inseguridad económica.
El infortunio con el dinero crea la ruina.

As de Oros y As de Copas invertidas

El infortunio con la riqueza aporta decepción.
Las deudas suscitan descontento.
Pérdida por culpa de un engaño.

As de Oros y Caballo de Espadas invertidas

Complicaciones económicas para este joven.
Pérdida por temeridad.
Infortunio por culpa de la traición.

As de Oros y Dos de Oros invertidas

Complicaciones con un trueque.
Pérdida por demoras en la comunicación.
Las deudas son moderadas.

Cuatro de Bastos y El Ermitaño invertidas

Satisfacción con el aislamiento.
Sereno en la soledad.
Satisfecho con hallarse retirado.

Cuatro de Bastos y Siete de Bastos invertidas

Satisfecho con el fracaso.
Tranquilo, aunque en desventaja.
Paz de la oposición.

Cuatro de Bastos y Cinco de Copas invertidas

Contento con una reconciliación.
Satisfecho con una aceptación.
Sereno acerca de una implicación.

Cuatro de Bastos y Nueve de Espadas invertidas

Calma y luego pena.
Sereno en el aislamiento.
El contento sigue a la infelicidad.

Cuatro de Bastos y Nueve de Oros invertidas

Calma a través de las dificultades.
Contento y después adversidades.
Satisfecho, pero inseguro.

La Justicia y El Colgado invertidas

Acción ilegal.
Acercamiento artero.
Progreso desigual.

La Justicia y Cinco de Bastos invertidas

Acuerdo ilegal.
Amistad parcial.
Transacción injusta crea la ruina.

La Justicia y Dos de Copas invertidas

Ilegal, interrumpir.
Falsedad, con respecto a una ruptura.
Desacuerdos injustos.

La Justicia y Rey de Espadas invertidas

Hombre predispuesto (de su descripción).
Injusto y cruel.
Infame y rencoroso.

La Justicia y As de Oros invertidas

Deshonesto acerca de las deudas.
El sesgo crea pérdida.
Gasto injusto.

Los Enamorados, El Sumo Sacerdote y El Sol

Los enamorados se unen en matrimonio con éxito.
Es gratificante la aprobación de los socios.
La relación resulta aprobada, aportando felicidad.

Los Enamorados, Seis de Bastos y Cuatro de Bastos

Los enamorados triunfan con felicidad.
Los socios logran un éxito que aporta placer.
La relación es gratificante, logra armonía.

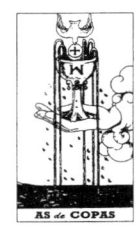

Los Enamorados, Tres de Copas y As de Copas

Los amantes celebran su matrimonio.
Los socios se reúnen para celebrar su éxito.
La relación es feliz y aporta satisfacción.

Los Enamorados, Cinco de Espadas y El Diablo

Los amantes se separan por culpa de los celos.
Los socios entran en conflicto y surge la ira.
La relación se pierde por obra de la violencia.

Los Enamorados, Siete de Oros y Cinco de Bastos

Los socios de una empresa entran en conflicto.
Los enamorados proyectan su desacuerdo.
El apego a la riqueza suscita pugnas.

As de Bastos, Los Enamorados y Nueve de Copas

El nuevo amante aporta placer.
Comienzo de una relación que es buena.
Principio de una relación que aporta satisfacción.

As de Bastos, Dos de Bastos y Reina de Oros

Nuevo objetivo en el trabajo aporta riqueza.
Comienzo de un próspero proyecto.
El principio de un logro aporta seguridad.

As de Bastos, Caballo de Copas y Dos de Copas

Nueva llegada/oferta invitación de una amistad.
Se aproxima un cambio en una relación.
Comienzo de una oferta de asociación.

As de Bastos, Siete de Espadas y Nueve de Espadas

Una nueva situación laboral es infecunda y aporta depresión.
Comienzo de decepción y trastornos.
El cambio aporta fracaso y provoca tristeza.

As de Bastos, Ocho de Oros y El Mundo

Asegurada la nueva carrera profesional.
Principio de un aprendizaje gratificante.
El cambio de empleo tiene éxito.

Dos de Copas, La Muerte y Diez de Bastos

El amor se pierde por culpa de las presiones.
La relación cesa debida a las dificultades.
El compromiso acaba a causa de la opresión.

Dos de Copas, Diez de Bastos y La Torre

La relación sufre presiones y se quiebra.
La asociación experimenta dificultades por culpa de una pérdida.
La amistad se convierte en una carga por culpa de la tensión.

Dos de Copas, Seis de Copas y Diez de Copas

Reconciliación feliz en la relación.
Un compromiso del pasado aporta júbilo.
La amistad retorna a la familia.

  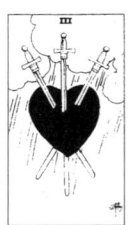

Dos de Copas, Ocho de Espadas y Tres de Espadas

El compromiso crea obstáculos y conflicto.
La relación causa restricciones y pesar.
Amistad estorbada, sobrevendrá una pérdida.

Dos de Copas, Rey de Oros y La Luna

Relación con un hombre (de su descripción) que es caprichoso.
Amistad con un gerente, necesidad de cautela.
La asociación como corredor supone un riesgo.

Siete de Oros, El Carro y Dos de Bastos

Realizado el viaje de negocios.
Proyecto de operación comercial.
Tienen éxito los planes de mudanza.

Siete de Oros, Tres de Bastos y Rey de Oros

Éxito económico como asesor financiero.
El trato es ventajoso para un gerente.
Financiación lograda a través de un corredor.

 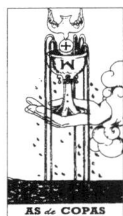 

Siete de Oros, As de Copas y Ocho de Oros

Satisfacción económica para un estudiante.
La ocupación aporta satisfacción con el empleo.
Éxito comercial, aunque sin formación.

Siete de Oros, Sota de Espadas y Siete de Bastos

El negocio es duro, difícil de abordar.
El trato es espinoso, se requiere valor.
La ocupación será ventajosa para una muchacha o un muchacho.

Siete de Oros, Tres de Oros y Seis de Bastos

Lograda la destreza empresarial.
La habilidad en el comercio aporta éxito.
La financiación de un trato puede ser ventajosa.

La Justicia, El Sol y Seis de Oros

El premio de la justicia le favorece.
Éxito procesal con distribución de riqueza.
Logro de la equidad con un premio.

La Justicia, Cinco de Bastos y Templanza

Desacuerdos legales, necesidad de un control.
Moderación en las disputas procesales.
Conflicto en la justicia, necesidad de una alternativa.

La Justicia, Siete de Copas y Caballo de Copas

Próxima decisión legal.
El tribunal delibera sobre una propuesta.
Se brinda equidad con una opción.

 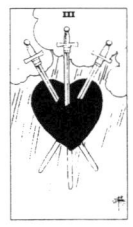 

La Justicia, Tres de Espadas y Siete de Espadas

Conflicto legal sobre un hurto.
Pérdida de la justicia y decepción por el resultado.
La igualdad a través del sufrimiento puede determinar un fracaso.

La Justicia, Seis de Oros y As de Espadas

La distribución legal le beneficia.
Se otorga justicia y sobreviene la victoria.
Los resultados procesales son favorables, el éxito está cerca.

Caballo de Copas, Los Enamorados y El Emperador

Un hombre ofrece una relación estable.
Propuesta ventajosa de un socio.
Se acerca un enamorado de más edad.

Caballo de Copas, As de Bastos y Rey de Espadas

Un hombre ocupa una nueva posición de autoridad.
Oferta de un nuevo comienzo en una entidad oficial.
Propuesta de cambio formulada por este hombre.

Caballo de Copas, Diez de Copas y Tres de Copas

Llegada de familiares para una celebración.
Un hombre brinda una invitación que aporta alegría y felicidad.
Propuesta que lleva satisfacción a la vida social.

Caballo de Copas, Rey de Espadas y Dos de Copas

Se acerca un hombre (en un puesto oficial) que brinda una relación.
Oferta de un mando que requiere un compromiso.
Invitación a la amistad de un hombre uniformado.

Caballo de Copas, As de Oros y El Carro

Oferta de dinero para una mudanza.
Se acerca la suerte y aporta un cambio.
Invitación afortunada para un viaje.

Los Enamorados, El Emperador invertida y Nueve de Bastos

La relación es inestable por culpa de la aprensión.
Amantes indecisos y a la defensiva.
Apego débil, hace falta cautela.

Los Enamorados, As de Bastos invertida y Rey de Copas invertida

Concluye la relación entre los amantes por causa de deslealtad.
Fracasa la combinación por culpa del hombre, que carece de escrúpulos.
El socio deja de engañar.

Los Enamorados, Dos de Copas invertida y Rey de Bastos

Ruptura de los enamorados por culpa de ese hombre.
Los socios dejan de portarse como profesionales.
Una frustración en la relación a causa de un hombre demasiado preocupado por su carrera.

Los Enamorados, Tres de Espadas invertida y Caballo de Espadas invertida

Confusión entre los enamorados a causa de una traición.
Angustia en la relación por culpa de la violencia.
Socios tristes por obra de la temeridad.

Los Enamorados, Cuatro de Oros invertida y Dos de Copas

Los amantes tienen dudas por culpa de los desacuerdos.
Los socios están inseguros acerca de una separación.
La relación sufre incertidumbres y frustración.

Cuatro de Bastos, El Sol invertida y
Reina de Espadas

La celebración no tiene éxito por culpa de esta mujer.

Felicidad perdida por obra de una separación.

No se logra satisfacción con respecto al divorcio.

Cuatro de Bastos, Siete de Bastos invertida y
As de Espadas

La felicidad despeja los obstáculos, la victoria es suya.

Celebración seguida por retrocesos, pero el éxito está cerca.

La satisfacción despeja la oposición y arroja resultados positivos.

Cuatro de Bastos, Cinco de Copas invertida y
Los Enamorados

Reconciliación feliz en una relación.

Celebración aceptada por los amantes.

El placer de cooperar con el socio.

Cuatro de Bastos, Nueve de Copas invertida y
La Templanza invertida

A causa de la indulgencia, el placer se convierte en infelicidad.

Merced a la intoxicación, la felicidad se muda en pesar.

La celebración origina lamentaciones por obra del exceso.

Cuatro de Bastos, Nueve de Oros invertida y
As de Oros

La celebración supone un riesgo respecto del dinero.

La satisfacción permite probar fortuna.

La felicidad seguida por la incertidumbre da paso a un resultado feliz.

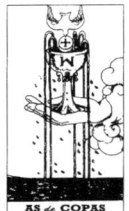  

As de Copas, El Diablo invertida y Cinco de Bastos

Los desacuerdos matrimoniales causan conflictos.
La satisfacción se muda en discordia por culpa de los desacuerdos.
La felicidad se vuelve frustración por obra de las disputas.

As de Copas, Cuatro de Bastos invertida y Seis de Copas

El matrimonio está tranquilo de la reconciliación.
Retornan la felicidad y el contento.
Abundancia de paz tras las disculpas formuladas.

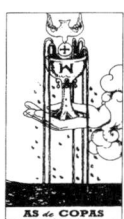  

As de Copas, Tres de Copas invertida y Cuatro de Bastos

Celebración de la boda.
Grupo feliz, aporta placer.
El éxito en una conferencia suscita felicidad.

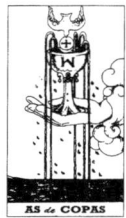 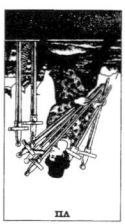 

As de Copas, Siete de Espadas invertida y Dos de Bastos invertida

El matrimonio no se realiza debido a las adversidades.
El éxito será dudoso por culpa de los obstáculos.
La felicidad es insegura a causa de las frustraciones.

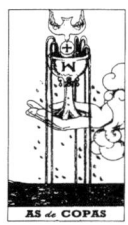  

As de Copas, Tres de Oros invertida y Ocho de Oros

Un trabajador se casa en su empleo.
Satisfecho de su carrera profesional aunque carezca de calificaciones.
El éxito es mediocre para un estudiante.

COMBINACIONES ALEATORIAS DE CARTAS 323

Reina de Espadas, La Estrella invertida y Nueve de Espadas invertida

La viudedad es inesperada, experimenta la pena.
El divorcio es desfavorable, sobrevendrán lamentaciones.
La separación a través del abandono produce infelicidad.

Reina de Espadas, Dos de Bastos invertida y Tres de Espadas invertida

La viudedad determina dificultades y angustias.
El divorcio conduce a frustraciones y confusión.
La separación crea obstáculos y tristeza.

 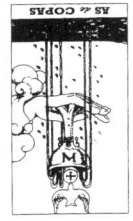 

Reina de Espadas, As de Copas invertida y Cuatro de Copas

Mujer descontenta y aburrida.
La separación causa decepción y un sentimiento de desesperación.
El dolor por la deslealtad provoca fatiga.

Reina de Espadas, Cinco de Espadas invertida y El Diablo

La pérdida determina depresión e ira.
La separación por culpa del rechazo causa resentimiento.
La aflicción y la opresión crean animosidad.

Reina de Espadas, As de Oros invertida y Diez de Oros

Al divorcio sigue la pérdida de la residencia.
La separación crea complicaciones con la familia.
Mujer insegura acerca de la riqueza.

As de Oros, La Muerte invertida y As de Bastos

Prosigue la riqueza, trabajo señalado.
El éxito es lento al principio.
La suerte permanece estancada, hace falta un cambio.

As de Oros, Tres de Bastos invertida y Siete de Oros

El dinero es insuficiente, se requiere financiación.
El éxito se transforma en fracaso, hace falta una planificación mejor.
La riqueza es ineficaz en el negocio.

As de Oros, Cuatro de Copas invertida y Sota de Oros

Oportunidad afortunada para esta chica o chico.
Optimismo respecto del éxito porque es estudioso.
El dinero proporciona un estímulo a la motivación.

As de Oros, As de Espadas invertida y Siete de Bastos invertida

Dinero perdido por culpa de un obstáculo.
Éxito seguido por el fracaso y la oposición.
Afortunada derrota de la oposición.

As de Oros, Cinco de Oros invertida y Cinco de Bastos invertida

Casos financiero, necesidad de una transacción.
Problemas económicos por culpa del sometimiento.
Éxito tras el desorden gracias a un acuerdo.

COMBINACIONES ALEATORIAS DE CARTAS 325

 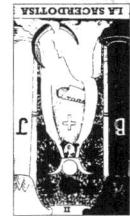 

La Muerte, La Sacerdotisa invertida y
La Estrella invertida

Final de un chismorreo desfavorable.
Destrucción inesperada a través de la falsedad.
Pérdida por deslealtad y abandono.

La Muerte, Ocho de Bastos invertida y
El Colgado invertida

Cesa de estar inmóvil, se advierte progreso.
Final de las demoras gracias a tomar medidas.
Pérdida por la lentitud en dar órdenes.

La Muerte, Ocho de Copas invertida y
Tres de Copas invertida

Final de reuniones y fiestas.
Reunión última de un grupo.
Deja de aproximarse al encuentro.

La Muerte, Dos de Espadas invertida y
Diez de Copas invertida

Una pérdida por error de juicio conduce a lamentaciones.
Final de la indecisión y de la infelicidad.
La destrucción por equivocación causa pena.

La Muerte, Nueve de Oros invertida y
As de Oros invertida

Término de las dificultades y del infortunio.
Pérdida por insuficiencia y deudas.
Las últimas adversidades acaban con la inseguridad.

  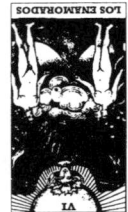

La Templanza, La Torre y
Los Enamorados invertidas

La indulgencia crea efectos adversos y frustración.
Habrá que limitar el exceso (verbigracia, bebida/drogas) o podrá crear indiferencia.
El abuso puede conducir a accidentes en un hecho que no guarde relación.

La Templanza, Diez de Bastos y
As de Oros invertidas

El exceso de placer crea deudas.
La excesiva inclinación al alivio suscita complicaciones.
El abuso de incomodidades provoca inseguridad.

La Templanza, Diez de Copas y
Tres de Espadas invertidas

La intoxicación suscita lamentaciones y angustias.
La indulgencia crea tristeza e inquietud.
El abuso provoca pesar y desorden.

La Templanza, Diez de Espadas y
Dos de Copas invertidas

La gula crea humillación y discordia.
La indulgencia provoca desgracia y desacuerdos.
La intoxicación suscita vergüenza y frustración.

La Templanza, Cinco de Oros y
Dos de Bastos invertidas

La indulgencia crea trastornos y perturbaciones.
La intoxicación suscita caos y adversidades.
El abuso origina problemas y dificultades.

As de Bastos, El Diablo y
El Sumo Sacerdote invertidas

Final de las contradicciones y de la separación.
Ruina por desacuerdos y rechazo.
Fracaso tras la frustración y la desaprobación.

As de Bastos, Dos de Bastos y
Cuatro de Bastos invertidas

Fin de la perturbación, la tranquilidad retorna al ambiente laboral.
Deja de ser difícil, se logra la paz.
Concluyen las adversidades, sobreviven la serenidad y la calma.

As de Bastos, Rey de Copas y
Cinco de Oros invertidas

La ruina por culpa de las perturbaciones de este hombre sin escrúpulos (de su descripción).
Fallo por la deslealtad y el caos financiero.
Fracaso a causa de los engaños que suscitan problemas.

As de Bastos, Tres de Espadas y
Cuatro de Copas invertidas

El final de la confusión crea optimismo.
La conclusión de la tristeza suscita esperanzas.
El fracaso aporta angustias pero provoca asistencia.

As de Bastos, As de Oros y
Dos de Espadas invertidas

El final de las complicaciones acaba con la indecisión.
Ruina por deudas, mala suerte e incertidumbre.
Final de las deudas a causa de errores.

*Cuatro de Copas, Los Enamorados y
Reina de Bastos invertidas*

La asistencia crea frustración, necesidad de orientación.
Optimista y desligado, pero sin motivación.
Deseo de separarse, harto poco fiable.

*Cuatro de Copas, Caballo de Oros y
El Mago invertidas*

Asistencia para este joven confuso y carente de motivación.
La oportunidad puede ser incierta y los resultados negativos.
Los deseos pueden ser deshonrosos y las consecuencias desordenadas.

*Cuatro de Copas, Cinco de Bastos y
Reina de Copas invertidas*

No es práctico el deseo de un acuerdo.
Resulta incierta la oportunidad de una transacción.
Optimista acerca de una amistad, pero puede ser indigna de confianza

*Cuatro de Copas, Tres de Copas y
Seis de Espadas invertidas*

Tal vez haya que renunciar a la esperanza de una fiesta.
Limitado el deseo de ser indulgente en exceso.
Optimista acerca de una reunión aplazada.

*Cuatro de Copas, Siete de Espadas y
Tres de Oros invertidas*

No se realiza el deseo por incompetencia.
Esperanza optimista de un trabajador.
La oportunidad es incierta para el bisoño.

Dos de Espadas, La Rueda de la Fortuna y Cuatro de Copas invertidas

Inseguro acerca del destino, necesitado de asistencia.
Con prejuicios y sin motivación, aguarda una oportunidad.
Su indecisión crea demoras, aunque es optimista.

Dos de Espadas, Seis de Bastos y La Luna invertidas

La indecisión crea problemas, necesidad de cautela.
El error suscita pérdida y engaños.
Incertidumbre, demoras e inestabilidad.

Dos de Espadas, Nueve de Copas y Seis de Oros invertidas

El error crea decepción y rechazo.
El prejuicio puede conducir al descontento y a la negación.
Un error de juicio suscita insatisfacción y es injusto.

Dos de Espadas, Cinco de Espadas y As de Bastos invertidas

Cesa la indecisión debida a la depresión.
La incertidumbre suscita opresión y ruina.
El error conduce al rechazo y al fracaso.

Dos de Espadas, Cinco de Oros y Sota de Espadas invertidas

Un error de juicio suscita trastornos para una chica o un chico.
La indecisión puede causar problemas y ser destructiva.
El prejuicio aporta el caos y la mezquindad.

As de Oros, El Colgado y
Cinco de Bastos invertidas

Complicaciones, así que tome medidas para llegar a un acuerdo.
Mejoran las deudas a través de la conciliación.
El infortunio promueve una amistad.

As de Oros, As de Bastos y
As de Espadas invertidas

Las complicaciones crean un fallo a través del sometimiento.
La inseguridad concluye a través de la derrota.
El infortunio puede conducir a la ruina y el fracaso.

As de Oros, As de Copas y
Nueve de Espadas invertidas

El infortunio en la riqueza suscita decepción y pesar.
Las deudas crean descontento e infelicidad.
La pérdida por un engaño provoca lamentaciones.

As de Oros, Caballo de Espadas y
Sota de Oros invertidas

Complicaciones para este hombre por ser desobediente.
Pérdida por temeridad y por desatención.
Infortunio, traición y rebelión.

As de Oros, Dos de Oros y Justicia invertidas

Complicaciones en un trueque por culpa de parcialidad.
Pérdida injusta a causa de demoras en la comunicación.
Las deudas son moderadas aunque injustas.

Cuatro de Bastos, El Ermitaño y
Diez de Copas invertidas

Contento con el aislamiento, alivia su tristeza.
Sereno mientras está solo, evita la discordia.
Satisfecho y sin lamentaciones por hallarse retirado.

Cuatro de Bastos, Siete de Bastos y
Diez de Bastos invertidas

La satisfacción con el fracaso aporta alivio respecto del trabajo.
Calma, aunque en desventaja por lo que se refiere a comodidades.
La paz de la oposición proporciona placer en el trabajo.

Cuatro de Bastos, Cinco de Copas y
Diez de Oros invertidas

Contento con el retorno pese a los desacuerdos.
Satisfecho de cooperar en un juego.
Sereno acerca de una implicación insegura.

 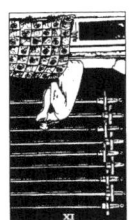 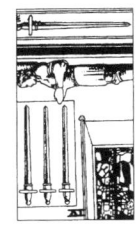

Cuatro de Bastos, Nueve de Espadas y
Cuatro de Espadas invertidas

Paz aunque dudosa, tenga cuidado.
La serenidad en el aislamiento proporciona seguridad.
La satisfacción puede conducir a la infelicidad, tiene que vigilar.

Cuatro de Bastos, Nueve de Oros y
El Sol invertidas

La paz con dificultades puede ser negativa.
Satisfacción, más después las adversidades no aportarán nada positivo.
La satisfacción con insuficiencia es improductiva.

Los Enamorados, El Sumo Sacerdote,
El Sol y Cuatro de Bastos

Los amantes contraen matrimonio con éxito y felicidad.
La aprobación de los socios es gratificante y proporciona placer.
La relación es aprobada, suscitando felicidad y celebraciones.

Los Enamorados, Seis de Bastos,
Cuatro de Bastos y El Sumo Sacerdote

Los amantes triunfan; la felicidad conduce al matrimonio.
Los socios logran un éxito que proporciona placer a la relación.
La relación es gratificante, suscita armonía y aprobación.

Los Enamorados, Tres de Copas,
As de Copas y Tres de Bastos

Los amantes celebran su matrimonio, que alcanza el éxito.
Los socios se reúnen para festejar el éxito en su actividad.
La relación es feliz y aporta la ventaja de la satisfacción.

Los Enamorados, Cinco de Espadas,
El Diablo y Nueve de Espadas

Los amantes se separan por culpa de los celos que causan depresión.
El conflicto entre los socios determina ira y angustia.
Relación fallida por culpa de la violencia a la que sigue el pesar.

Los Enamorados, Siete de Oros,
Cinco de Bastos y Dos de Espadas

Los socios de un negocio disienten a propósito de las decisiones.
Los amantes proyectan la superación de sus desacuerdos.
El apego a la riqueza crea pugnas; es necesario modificarlo.

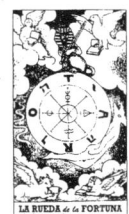

As de Bastos, Los Enamorados, Nueve de Copas y La Rueda de la Fortuna

El nuevo amante proporciona placer y orientación.
Comienzo de una relación que constituye una buena oportunidad.
El principio de un apego aporta satisfacción para el futuro.

As de Bastos, Dos de Bastos, Reina de Oros y Nueve de Oros

Nuevo objetivo en el trabajo aporta riqueza y seguridad.
Comienzo de un proyecto próspero y fructífero.
El principio de un logro proporciona seguridad con riqueza.

As de Bastos, Caballo de Copas, Dos de Copas y Rey de Copas

Nueva llegada/oferta/invitación de una amistad con este hombre (de su descripción).
Se aproxima un cambio en la relación con amante/cónyuge.
Comienzo de una oferta de este hombre, que supone un compromiso.

As de Bastos, Siete de Espadas, Nueve de Espadas y Siete de Oros

La nueva situación laboral no tiene éxito y suscita depresión a causa del dinero.
Comienzo de una decepción a causa de problemas con la financiación.
El cambio aporta el fracaso y la tristeza en el seno de una empresa.

As de Bastos, Ocho de Oros, El Mundo y Rey de Bastos

Queda asegurada una nueva para este hombre (de su descripción).
El comienzo de una prendizaje es profesionalmente gratificante.
El cambio de empleo tiene éxito gracias a un buen asesor empresarial.

Dos de Copas, La Muerte, Diez de Bastos y El Diablo

Amor perdido a causa de las presiones determinadas por los celos.
Cesa la relación debida a las dificultades que provoca el resentimiento.
Acaba el compromiso por culpa de la opresión ejercida por el egoísmo.

Dos de Copas, Diez de Bastos, La Torre y El Caballo de Espadas

La relación está sometida a presión y se quiebra de repente.
La asociación sufre dificultades merced a una pérdida inesperada.
La amistad se convierte en una carga en razón de la tensión y de los problemas.

Dos de Copas, Seis de Copas, Diez de Copas y La Estrella

Reconciliación en la relación con felicidad y perspectivas.
El compromiso del pasado aporta alegría y esperanza.
Una amistad retorna a la familia, que se muestra favorable.

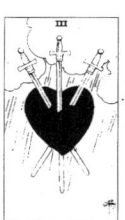

Dos de Copas, Ocho de Espadas, Tres de Espadas y Los Enamorados

El compromiso crea obstáculos y un conflicto en una relación.
La relación causa limitaciones y pesar a los amantes.
Amistad estorbada, sobrevendrá una pérdida, los socios deben vigilar.

Dos de Copas, Rey de Oros, La Luna y Diez de Bastos

La relación con un hombre caprichoso puede ser opresiva.
Para evitar dificultades, requiere cautela la amistad con un gerente.
La asociación como corredor supone riesgo y presiones.

Caballo de Espadas, El Juicio, Diez de Oros y Cinco de Espadas

Crea división un cambio repentino en el seno de la familia.
Mudanzas inesperadas conducen a un conflicto.
Un hombre logra un traslado favorable, pero que crea discordia.

Caballo de Espadas, Cuatro de Bastos, As de Oros y Diez de Copas

Suscita júbilo la celebración inesperada de la suerte.
Repentina felicidad a causa de un éxito que aporta contento.
Pérdida de la armonía en el seno de la familia por culpa del dinero.

Caballo de Espadas, Cinco de Copas, Reina de Espadas y El Diablo

Pérdida y aflicción repentinas suscitan la ira.
Un rechazo inesperado trae dolor y resentimiento.
Un hombre sufre el pesar del divorcio o la separación por culpa del egoísmo.

Caballo de Espadas, Cuatro de Espadas, Dos de Espadas y El Ermitaño

Enfermedad súbita; se solicitan opiniones y orientación.
Demoras inesperadas mientras todavía se reflexiona sobre las deciones.
Hombre convaleciente, halla resolución en la soledad.

Caballo de Espadas, Diez de Oros, Nueve de Oros y Tres de Espadas

Una herencia inesperada aporta la opulencia, pero también un conflicto.
Son dolorosos los problemas acerca de la riqueza en el seno de la familia.
la pérdida de residencia y seguridad crean pesar.

Siete de Oros, El Carro, Dos de Bastos y As de Bastos

Realizado un viaje de negocios; comienza un nuevo trabajo.
Empieza un proyecto comercial.
Tienen éxito los planes de mudanza, el cambio está próximo.

Siete de Oros, Tres de Bastos, Rey de Oros y As de Oros

Éxito empresarial como asesor financiero.
Trato ventajoso, sobrevendrá la prosperidad.
Financiación realizada por medio de un corredor eficaz.

 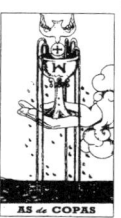  

Siete de Oros, As de Copas, Ocho de Oros y El Mundo

Garantizada la satisfacción profesional de un estudiante.
La ocupación aporta contento con el puesto y es gratificante.
El éxito comercial, aunque sin calificación, resulta positivo.

Siete de Oros, Sota de Espadas, Siete de Bastos y Dos de Bastos

La tarea es dura, resulta espinoso llevar adelante un proyecto.
El oficio es difícil, hace falta valor para logra el objetivo.
La ocupación resultará ventajosa para una chica o un chico, el logro está próximo.

Siete de Oros, Tres de Oros, Seis de Bastos y Ocho de Oros

La destreza empresarial ha quedado completada con el aprendizaje.
Destacando en el oficio, triunfa en su empleo.
Financiar una formación puede promover una carrera profesional.

La Justicia, El Sol, Seis de Oros y As de Espadas

La justicia le es favorable, ha logrado la victoria.
El éxito legal con distribución de riqueza resulta positivo.
Se logra la equidad con un premio, un éxito marcado.

La Justicia, Cinco de Bastos, La Templanza y Seis de Bastos

Desacuerdos legales; se requiere un control hasta que la cuestión quede zanjada.
Las diferencias judiciales son moderadas, el resultado es gratificante.
Justicia en conflicto, se necesita una alternativa para alcanzar la victoria.

La Justicia, Siete de Copas, Caballo de Copas y Reina de Oros

Está próxima la decisión legal, el resultado es afortunado.
El tribunal delibera sobre una propuesta concerniente a la seguridad.
A esta mujer (de su descripción) se le ofrece equidad con elección.

 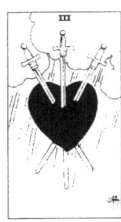  

La Justicia, Tres de Espadas, Siete de Espadas y Cuatro de Copas

El conflicto legal sobre el robo puede ser tedioso.
Justicia perdida: decepción y desesperación.
La equidad a través del sufrimiento puede causar fracaso y fatiga.

La Justicia, Seis de Oros, As de Espadas y Nueve de Copas

La distribución legal es favorable; se logra satisfacción.
Justicia impartida, victoria lograda, un buen resultado.
Los resultados judiciales son favorables, está próximo el éxito, al que seguirá el júbilo.-

Los Enamorados, El Emperador invertida, Nueve de Bastos y Cinco de Espadas

La relación es inestable debida a la aprensión resultante de un conflicto.
Los amantes, indecisos y a la defensiva, provocan la discordia.
El apego es débil, se requiere cautela, podría sobrevenir la separación.

Los Enamorados, As de Bastos invertida, Rey de Copas invertida y Nueve de Espadas

Termina la relación entre los amantes por culpa de la deslealtad, que causa aflicción.
Falla la combinación a causa de un hombre sin escrúpulos que provoca dolor.
El socio deja de engañar, pero subsiste la tristeza.

Los Enamorados, Dos de Copas invertida, Rey de Bastos y Dos de Bastos invertida

Rompen los amantes por causa de este hombre, que suscita dificultades.
Los socios dejan de comportarse como profesionales; surgirán adversidades.
La relación desemboca en una frustración por culpa de un hombre demasiado orientado hacia su trabajo que plantea obstáculos.

Los Enamorados, Tres de Espadas invertida, Caballo de Espadas invertida y Cuatro de Copas

Confusión de los amantes acerca de una traición que determina una decepción.
La relación suscita angustia por obra de la violencia y causa desesperación.
La unión crea tristeza por culpa de la temeridad y se torna tediosa.

Los Enamorados, Cuatro de Oros invertida, Dos de Copas invertida y El Ermitaño

Los amantes tienen dudas por sus desacuerdos; necesitan una orientación.
Los socios se sienten inseguros acerca de una separación; requieren tiempo para reflexionar.
La relación sufre de incertidumbre y frustración; se precisa tiempo para la soledad.

Cuatro de Bastos, El Sol invertida, Reina de Espadas y Ocho de Espadas

La celebración fracasa, por culpa de esa mujer que es un estorbo.
Perdida la felicidad por una separación; necesidad de un freno.
Falla la satisfacción respecto de un divorcio causante de restricciones.

Cuatro de Bastos, Siete de Bastos invertida, As de Espadas y Cuatro de Oros

La felicidad despeja obstáculos; la victoria es suya; se requiere tenacidad.
A la celebración siguen retrocesos, pero el éxito está cerca; necesita una garantía.
La satisfacción despeja la oposición y da resultados positivos; el resultado es fiable.

Cuatro de Bastos, Cinco de Copas invertida, Los Enamorados y Cuatro de Copas invertida

Feliz reconciliación en una relación; fortalece el deseo.
La celebración es aceptada por los amantes, creando una motivación.
Placer de cooperar con un socio; el resultado es optimista.

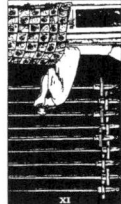

Cuatro de Bastos, Nueve de Espadas invertida, Templanza invertida y Dos de Espadas invertida

El placer se muda en infelicidad por obra de la indulgencia que crea un prejuicio.
La felicidad se convierte en pesar a causa de la intoxicación que suscita errores.
La celebración provoca pena, por culpa de los excesos; error de interpretación en el resultado.

Cuatro de Bastos, Diez de Oros invertida As de Oros y Rey de Oros

La celebración supone riesgo con el dinero; recurra al asesor financiero.
La satisfacción permite probar suerte; tenga confianza.
La felicidad, seguida de incertidumbre, proporciona un resultado afortunado a un varón (de su descripción).

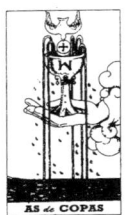   

As de Copas, El Diablo invertida,
Cinco de Bastos y Siete de Bastos invertida

Los desacuerdos matrimoniales causan un conflicto que crea obstáculos.
La alegría se muda en discordia a causa del desacuerdo y la oposición.
La felicidad da paso a frustraciones entre disputas y fracasos.

As de Copas, Cuatro de Bastos invertida,
Seis de Copas y El Sol

El matrimonio está tranquilo desde la reconciliación y su premio.
Vuelven la felicidad y la alegría, sigue el éxito.
Abundancia de paz tras unas disculpas que causan felicidad.

As de Copas, Tres de Copas invertida,
Cuatro de Bastos y La Estrella

Es cordial la fiesta de la boda.
Un grupo feliz aporta placer y esperanza.
El éxito de una conferencia suscita felicidad y una oportunidad.

As de Copas, Siete de Espadas invertida,
Dos de Bastos invertida y La Luna invertida

Matrimonio irrealizado a causa de adversidades imprevistas.
Éxito dudoso por culpa de los obstáculos; tenga cuidado.
Felicidad insegura por obra de la frustración de un engaño.

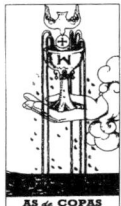   

As de Copas, Tres de Oros invertida,
Ocho de Oros y Nueve de Copas

Aporta satisfacción el matrimonio con alguien con quien trabaja.
Contento con su trabajo, aunque no sea calificado; puede brillar.
Éxito mediocre para un estudiante que aspira a realizarse.

As de Oros, La Muerte invertida, As de Bastos y El Mundo

Prosigue la riqueza y se anuncia un nuevo trabajo; muéstrese positivo.
El éxito es lento al principio; los resultados están garantizados.
La suerte sigue estancada; necesita un cambio, busque galardones.

As de Oros, Tres de Bastos invertida, Siete de Oros y Dos de Bastos

El dinero es insuficiente; se necesita financiación para el proyecto.
El éxito se muda en fracaso; para triunfar requiere una planificación mejor.
La riqueza es ineficaz en la empresa si no se emplea en aras de un logro.

As de Oros, Cuatro de Copas invertida, Sota de Oros y Ocho de Oros

Oportunidad afortunada para la carrera de esta chica o este chico.
Futuro optimista porque es un aprendiz estudioso.
El dinero ayuda a tener una motivación para el trabajo.

As de Oros, As de Espadas invertida, Siete de Bastos invertida y El Diablo

Riqueza perdida a causa de los obstáculos y del egoísmo.
El éxito por el sometimiento suscita desventaja y envidia.
La derrota afortunada de la oposición crea resentimiento.

As de Oros, Cinco de Oros invertida, Cinco de Bastos invertida y Cinco de Copas invertida

Caos financiero; necesidad de transacción y reconciliación.
Trastornos económicos a causa del sometimiento y la pasividad.
El éxito tras el desorden, mediante acuerdo; se requiere cooperación.

Rey de Bastos, El Loco invertida,
La Justicia y La Torre invertida

Hombre que no es de fiar en cuestiones legales; tenga cuidado.
Un profesional negligente en el proceso; los resultados son adversos.
Consciente en su trabajo, pero confuso en Derecho; tome precauciones.

Rey de Bastos, Cinco de Bastos invertida,
Reina de Bastos y Seis de Oros

El hombre se comprometerá con esta mujer respecto de una donación.
El acuerdo profesional merece confianza; oportunidad para un favor.
La amistad sincera entre estas dos personas en su trabajo constituye un don.

Rey de Bastos, Nueve de Copas invertida,
Sota de Bastos invertida y Dos de Copas

Hombre descontento y reservado respecto de un compromiso.
Profesionalmente insatisfecho y perezoso en una asociación.
Consciente pero sin éxito por culpa de su timidez acerca de una relación.

 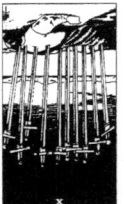 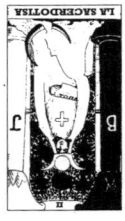 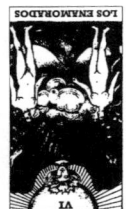

Rey de Bastos, Diez de Espadas invertida,
La Sacerdotisa invertida y
Los Enamorados invertida

Un hombre sufre una humillación de una feminista que se muestra indiferente.
El chismorreo arruina una reputación valiosa y es causa de frustración.
Escándalo profesional falso y sin conexión alguna.

   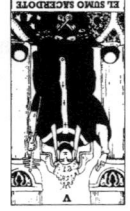

Rey de Bastos, Ocho de Oros invertida,
Seis de Bastos invertida y
El Sumo Sacerdote invertida

Hombre astuto causa problemas y merece desaprobación.
Trabajador honrado es retraído y no tiene éxito.
La incompetencia profesional determina una pérdida y rechazo.

 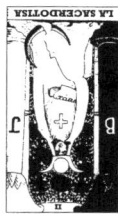  

La Muerte, La Sacerdotisa invertida, La Estrella invertida y Cuatro de Oros invertida

Final del chismorreo desfavorable; concluye la incertidumbre.
La destrucción por falsía es inesperada y crea dudas.
Una pérdida por deslealtad y abandono crea demoras.

 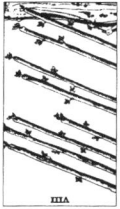  

La Muerte, Ocho de Bastos invertida, El Colgado invertida y El Carro

Deja de estar inmóvil, se anuncia un viaje.
Final de las demoras, emprende una acción en pro de un avance.
Pérdida por lentitud excesiva al dar las órdenes; se requiere un cambio.

La Muerte, Ocho de Copas invertida, Tres de Copas invertida y Nueve de Copas invertida

El final de reuniones y fiestas suscita descontento.
No tiene éxito la última reunión de un grupo.
Deja de acercarse al encuentro y causa decepción.

La Muerte, Dos de Espadas invertida, Diez de Copas invertida y Diez de Oros

Pérdida por error de interpretación conduce a lamentaciones por la familia.
Final favorable de la indecisión y la infelicidad.
Una destrucción errónea determina pesar por la riqueza.

La Muerte, Nueve de Oros invertida, As de Oros invertida y Tres de Bastos

Fin triunfal de las dificultades y del infortunio.
Pérdidas, inseguridad, deudas, relacionadas con el trabajo.
Tras las últimas adversidades concluye la inseguridad gracias a un logro.

  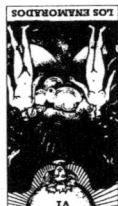 

La Templanza, La Torre, Los Enamorados y Cuatro de Copas invertida

La indulgencia crea efectos adversos y frustraciones con pérdida del deseo.
Hay que limitar el exceso (verbigracia, bebidas, drogas) porque puede crear indiferencia y falta de motivación.
El abuso conduce a un accidente y a acontecimientos inconexos que requiere asistencia.

   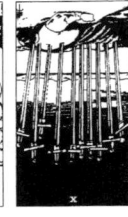

La Templanza, Diez de Bastos, As de Oros y Diez de Espadas invertidas

Exceso de placer provoca deudas, seguidas de humillación.
El ansia por hallar alivio crea complicaciones y un escándalo.
El abuso de las comodidades suscita inseguridad y conduce a la desgracia.

La Templanza, Diez de Copas, Tres de Espadas y el Sumo Sacerdote invertidas

La intoxicación suscita lamentaciones, angustias y separación.
La indulgencia crea tristeza y preocupaciones con desaprobación.
El abuso provoca pesar y desorden, seguidos por el rechazo.

La Templanza, Diez de Espadas, Dos de Copas y Siete de Oros invertidas

La glotonería causa humillación, discordia y ansiedad.
La indulgencia aporta desgracia, desacuerdos y desconfianza.
La intoxicación suscita vergüenza y frustración, que conducen a la inseguridad.

La Templanza, Cinco de Oros, Dos de Bastos y Tres de Espadas invertidas

La indulgencia crea trastornos, perturbaciones y confusión.
La intoxicación provoca caos y adversidades con tristeza.
El abuso origina perturbaciones que conducen a dificultades y angustias.

As de Bastos, El Diablo, El Sumo Sacerdote y Cinco de Oros invertidas

Final de las contradicciones y de la separación que han suscitado trastornos.

La ruina tras desacuerdos y un rechazo deja un caos.

El fracaso por obra de la frustración y la desaprobación conduce a dificultades.

As de Bastos, Dos de Bastos, Cuatro de Bastos y Ocho de Copas invertidas

Final de los trastornos, la tranquilidad retorna al lugar de trabajo gracias a una reunión.

Deja de ser difícil, se logra la paz, oportunidad de una reunión.

Término de las adversidades, paso a la serenidad y a la calma, búsqueda de un nuevo enfoque.

As de Bastos, Rey de Copas, Cinco de Oros y Diez de Copas invertidas

Causa pesar la ruina por culpa de las perturbaciones de ese hombre sin escrúpulos (de su descripción).

Desunión tras el fracaso causado por la deslealtad y el caso económico.

El hundimiento provocado por el engaño crea trastornos e infelicidad.

As de Bastos, Tres de Espadas, Cuatro de Copas y Siete de Espadas invertidas

El final de la confusión es causa de optimismo y esperanza.

Concluye la tristeza; surge la esperanza, aunque todavía dudosa.

El fracaso suscita angustia pero merece una asistencia incierta.

As de Bastos, As de Oros, Dos de Espadas y Siete de Bastos invertidas

El final de las complicaciones deja indecisiones y repliegues.

Obstáculos nacidos de la ruina por deudas, infortunio e incertidumbre.

La cancelación de la deuda causada por errores elimina una desventaja.

Cuatro de Copas, Los Enamorados, Reina de Bastos y Diez de Oros invertidas

La asistencia crea frustración; se requiere orientación para evitar el riesgo.
Optimista por estar desligado, pero indigno de confianza e inseguro.
El deseo de separarse no es más que una jugada.

Cuatro de Copas, Caballo de Oros, El Mago y Nueve de Bastos invertidas

Ayuda para este joven sin motivación, confuso y despreocupado.
Oportunidad incierta; sin preparación, los resultados serán negativos.
Los deseos pueden ser deshonrosos y los resultados desordenados por falta de atención.

Cuatro de Copas, Cinco de Bastos, Reina de Copas y El Loco invertidas

El deseo de acuerdo no es realista ni seguro.
La oportunidad de una transacción carece de consistencia.
El optimismo por una amistad puede ser engañoso y crear confusión.

Cuatro de Copas, Tres de Copas, Seis de Espadas y Seis de Bastos invertidas

En razón de las demoras, quizá haya que renunciar a la esperanza de una fiesta.
Limitado e insatisfactorio el deseo de excederse en la indulgencia.
Optimista sobre una reunión, aplazada por problemas.

Cuatro de Copas, Siete de Espadas, Tres de Oros y La Luna invertidas

Deseo irrealizado por incompetencia; se requiere cautela.
Es engañosa la esperanza optimista de un trabajador.
Oportunidad incierta par aun bisoño inconsecuente.

As de Oros, El Colgado, Cinco de Bastos y Cinco de Copas invertidas

Complicaciones, busque, pues, la aceptación de un acuerdo.
Mejoran las deudas gracias a la conciliación y la cooperación.
Infortunio próximo a causa del sometimiento y la implicación.

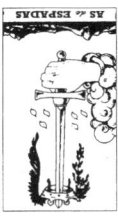

As de Oros, As de Bastos, As de Espadas y Seis de Espadas invertidas

Las complicaciones provocan un fracaso por el sometimiento y las demoras.
Acaba la inseguridad con la derrota, aunque limitada.
El infortunio puede llevar a la ruina y al fracaso por cancelación.

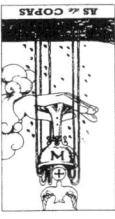

As de Oros, As de Copas, Nueve de Espadas y La Templanza invertidas

El infortunio económico por indulgencia causa decepción y luego glotonería.
La inseguridad origina deslealtad, lamentaciones y luego abusos.

As de Oros, Caballo de Espadas, Sota de Oros y El Diablo invertidas

Complicaciones para este hombre; al ser desobediente, crea discordia.
Pérdida por temeridad, pereza y engaño.
Infortunio a causa de la traición y de la rebelión; se requiere un freno.

As de Oros, Dos de Oros, La Justicia y La Torre invertidas

Complicaciones con un trueque por obra de la parcialidad; se necesita cautela.
Las pérdidas por demoras en la comunicación son injustas y crean inquietud.
Deudas moderadas, aunque injustas; es preciso frenarse.

Cuatro de Bastos, El Ermitaño,
Diez de Copas y Diez de Bastos invertidas

La satisfacción con el aislamiento proporciona un alivio.
Sereno en la soledad, evite la discordia y viva sencillamente.
Placer y satisfacción por vivir retirado sin lamentarlo.

Cuatro de Bastos, Siete de Bastos,
Diez de Bastos y As de Oros invertidas

La satisfacción con el fracaso aporta alivio respecto de los gastos del trabajo.
Calma, aunque las deudas le coloquen en desventaja acerca de las comodidades.
La paz tras la oposición da placer en el trabajo y cesa la inseguridad.

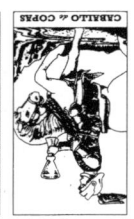

Cuatro de Bastos, Cinco de Copas,
Diez de Oros y Caballo de Copas invertidas

El contento con una reconciliación es una jugada y puede ser negativo.
La satisfacción por cooperar suscita desacuerdos y demoras.
Sereno ante una implicación incierta y que conduce a un aplazamiento.

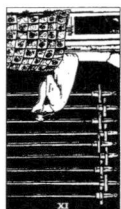

Cuatro de Bastos, Nueve de Espadas,
Cuatro de Espadas y As de Copas invertidas

Paz, aunque dudosa; tenga cuidado, puede ser un engaño.
La serenidad en el aislamiento da seguridad, pero tal vez inestable.
La satisfacción quizá lleve a la infelicidad; vigile una posible deslealtad.

Cuatro de Bastos, Nueve de Oros,
El Sol y El Emperador invertidas

Puede ser negativa y confusa la calma ante las dificultades.
Alegría seguida por adversidades; es inútil e inconsistente.
La satisfacción ante una insuficiencia es improductiva y suscita inestabilidad.

COMBINACIONES ALEATORIAS DE CARTAS

La Justicia, El Colgado, Siete de Bastos y La Fuerza invertidas

Derrota de una maniobra ilegal, ahora inactiva.
Un acercamiento indigno encuentra oposición vacilante.
Progreso desigual, insuficiente y frágil.

La Justicia, Cinco de Bastos, La Fuerza y La Rueda de la Fortuna invertidas

Un acuerdo ilegal carece de fuerza a causa de las demoras.
Amistad desigual, titubeante y carente de motivación.
Una transacción injusta es frágil y resultará negativa.

La Justicia, Dos de Copas, Tres de Bastos y Nueve de Espadas invertidas

Ilegal y discontinuo, no tendrá éxito y causará lamentaciones.
La inútil falsedad en una ruptura causará pesar.
Unos acuerdos injustos serán ineficaces y provocarán infelicidad.

La Justicia, Rey de Espadas, Sota de Espadas y Dos de Copas invertidas

Hombre parcial (de su descripción) es egoísta y crea discordia.
Injusto y cruel, también destructivo, conduce a la frustración.
Indigno, rencoroso y terco, provoca desacuerdos.

La Justicia, As de Oros, Reina de Oros y Cuatro de Oros invertidas

Deshonesto con las deudas y también equívoco, conduce a la incertidumbre.
La injusticia causa complicaciones, inseguridad y demoras.
Un gasto injusto a causa de sus despilfarros; piénselo detenidamente.

QUINTA PARTE

Lectura de las cartas

Tras leer las combinaciones de los naipes, debemos proceder realmente a la lectura de las cartas. En esta sección aprenderemos a utilizar diversos despliegues básicos o maneras de echar las cartas con el fin de proporcionar respuestas a las preguntas que se nos hagan. Contiene instrucciones para seis lecturas: Cruz Céltica, Lectura de Seis Meses, Despliegue del Arco Iris, Despliegue Abierto, Despliegue de Veintiuno y Despliegue del Reloj Anual. Se añaden interpretaciones a título de ejemplos. Importa recordar, sin embargo, que la intuición personal es parte del estudio de los naipes. Cuando los combine, recurra al índice alfabético y no olvide sus distintas definiciones básicas tal como figuran en las Partes Segunda y Tercera de este libro.

La Cruz Céltica

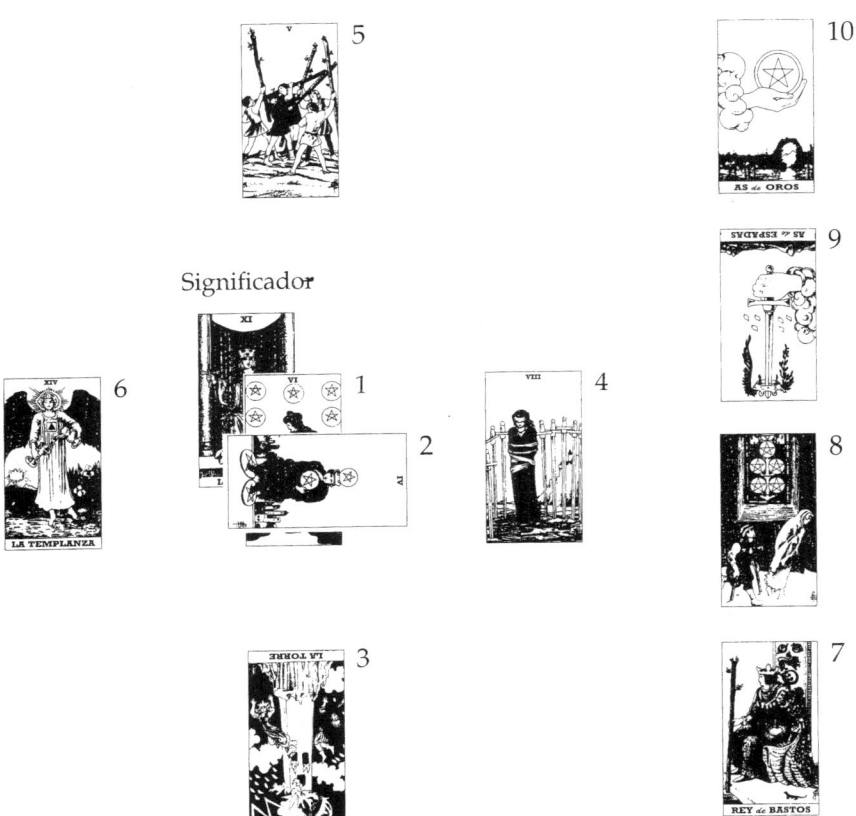

Diagrama 1. Despliegue de la Cruz Céltica.

Este despliegue constituye un excelente modo de echar las cartas cuando se busca una respuesta única y definitiva a una pregunta específica. Si lo que se pretende es una respuesta de carácter acumulativo y múltiple, cabe emplear una «lectura continua» basada en la Cruz Céltica. En el despliegue de la Cruz Céltica, todos los naipes son leídos individualmente. Luego usted determina la culminación de las influencias procedentes de las diez cartas y de esta forma la pregunta del que inquiere recibe como réplica toda la información relevante.

Seleccione, en primer lugar, una carta que represente el tema (o la persona sobre la que desea información). Esta carta recibe el nombre de «significador». Representa al individuo o la materia con la que opera.

Por ejemplo, si la pregunta está relacionada con los negocios, entonces muy bien cabría utilizar el Siete de Oros. También es posible optar por una carta que en su opinión mejor corresponda al tema por el que inquiere. Puede tratarse de un Arcano Mayor o Menor. De manera similar, cuando se le pregunte acerca de un determinado individuo, utilizará la carta más adecuada a la coloración, personalidad, edad o temperamento. Por ejemplo, si el hombre en cuestión tiene 27 años, pelo rubio y ojos azules, puede optar por el Caballo de Bastos para que le represente. Un varón de 37 años y con la misma coloración estaría mejor representado por el Rey de Bastos. Si el hombre tiene 45 años, pelo negro, ojos oscuros y características de un europeo meridional, el Rey de Oros es el que ofrecería mejores posibilidades. Tendrá que adaptar el significador con respecto a los diversos cambios en las descripciones físicas determinados por las diferencias raciales. Puede también elegir la carta que mejor describa la personalidad del individuo o su temperamento en vez de su coloración o su edad. Por ejemplo, cabe usar la Sota de Espadas con un niño difícil y rebelde que no sea de la coloración indicada por el naipe.

En el caso de una mujer de 50 años que viva (o esté casada) con un varón de 40, el hombre puede ser representado por un Caballo en vez del Rey, para mostrar la diferencia de edad. Es posible también recurrir a El Emperador en lugar de un Rey para indicar a un varón mucho mayor que la mujer considerada en la lectura.

Tras haber seleccionado el significador apropiado, colóquelo boca arriba sobre la mesa. Entregue la baraja a quien pregunta. Esta persona puede poner entonces todas las cartas boca abajo y mezclarlas y luego barajarlas; o cortarlas en dos grupos distintos; o tras barajar hacer dos montones.

Tome en su mano el mayor de éstos, y coloque la primera carta sobre el significador, en la misma posición pero ligeramente más baja. Esta primera carta es el soporte. Se trata del fundamento o base para la lectura. La segunda carta ha de atravesar a la primera, como indica el Diagrama 1, de izquierda a derecha. Y también se lee en este sentido. Esta carta es el oponente. Muestra las fuerzas difíciles u opositoras con las que tendrá que contender quien pregunta. Disponga la tercera carta bajo las otras dos; es la del «pasado remoto». El cuarto naipe, que representa el «pasado inmediato», será puesto al lado derecho del centro. El quinto naipe es el «pendiente» o carta superior. La sexta carta es el «futuro inmediato» y habrá de ser colocada a la izquierda del centro. Hay que abordar todos los naipes en sentido contrario al de las agujas del reloj. Así se simplifica y facilita el desarrollo de la historia.

Las cuatro cartas siguientes —7, 8, 9 y 10— tendrán que ser dispuestas a la derecha de la número 4 y en posición vertical, una sobre otra. El naipe del resultado, número 10, ocupa la cima. El número 7 es el de la «actitud» o «circunstancia»; el 8 es el «ambiente» o «bajo el techo». La 9 es la carta de los «deseos» o «cautela».

Lectura del despliegue de la Cruz Céltica

Carta número 1: El soporte

Esta primera carta muestra la auténtica razón de la pregunta. Representa el fundamento o base de ésta. Proporciona estabilidad al naipe significador y permite al lector ver en su raíz la situación del tema.

Carta número 2: El oponente

Muestra la oposición o las dificultades que rodean a quien inquiere. La carta se extiende de través sobre la primera, de izquierda a derecha, y es leída también de la misma manera. Si resulta ser buena y favorable, como el Sol (Arcano Mayor), indica que las fuerzas contrarias o difíciles en torno de la materia son escasas o nulas, y que quien inquiera está en libertad de seguir adelante.

Carta número 3: El pasado remoto

Coloque la tercera carta bajo el centro de la cruz. Señala acontecimientos que tuvieron lugar hace doce meses o más. Permite al lector (y al que pregunta) advertir los efectos que han conducido a la situación presente.

Carta número 4: El pasado inmediato

Esta carta aborda lo sucedido en fecha reciente (los tres últimos meses aproximadamente) y muestra las influencias que en ese tiempo más han afectado a la cuestión. Tales acontecimientos o influencias han pasado ya o están en trance de pasar.

Carta número 5: Pendiente (Superior)

Esta carta se refiere al que indaga. Muestra lo que está a punto de suceder con la materia en cuestión. Proporciona además la orientación de los esfuerzos actuales y le permite conocer cómo se desarrollan los hechos.

Carta número 6: Dirección

Muestra el sentido de las influencias que están emprendiendo una acción. Revela también la tarea preliminar que quizá tenga que realizar quien pregunta en un próximo futuro para llegar al resultado pretendido.

Estas cartas forman ahora una cruz en torno del centro.

Después se despliegan uno sobre otro, y en posición vertical, los naipes números 7, 8, 9 y 10 con intervalos iguales, hasta llegar un poco más abajo del naipe número 3.

Carta número 7: Actitud o circunstancia

Revela la posición o actitud de quien inquiere, si es posible o negativa en relación con el tema. Muestra cómo reacciona ante la materia en cuestión.

Carta número 8: Ambiente

Señala la situación en relación con el ambiente doméstico, la posición en la vida, el lugar de trabajo o las influencias de personas, por ejemplo familiares, amigos, etc. Explica lo que sucede «bajo su techo».

Carta número 9: Deseos o cautela

Muestra los anhelos o temores de quien pregunta. Señalará lo que el indagador desea más que nada o lo que más teme.

Carta número 10: Resultado

Esta última carta indica el resultado del logro más fuerte posible al alcance de quien pregunta en el momento presente. Combina su propia energía con influencias de las nueve cartas previas.

La conclusión de la adivinación de la carta del resultado debe ser interpretada conforme al siguiente esquema:

1. La pregunta de quien indaga —El Significador.
2. Las nueve cartas precedentes y sus influencias.
3. Las personas o circunstancias (acontecimientos) que rodean al tema.
4. La percepción intuitiva del lector.

Si la décima carta es de una naturaleza oscura o se requiere más información para lograr la adivinación adecuada, tome el naipe que salió originariamente como del resultado y utilícelo como significador. Baraje las restantes setenta y siete cartas y comience un nuevo despliegue de Cruz Céltica sobre ese significador.

A esta operación se la denomina «Extensión de la Cruz Céltica» y le permite ir más allá en la lectura, puesto que la primera Cruz Céltica no le mostró que fuese posible la obtención de un resultado. Esta ampliación revela también otras influencias que pueden beneficiar o perjudicar a la situación. De ese modo debería ser capaz de obtener una respuesta clara a la pregunta. En caso contrario, o bien usted no está autorizado a conocerla o quizá tenga que aplazar la lectura para más tarde, porque en ese momento no cabe «captar» ningún resultado. Es muy raro que suceda tal cosa, pero en muy pocas ocasiones pasa y requiere por tanto una explicación.

Lectura de un ejemplo

Si las respuestas buscadas por el que indaga son de naturaleza general y no están relacionadas con una cuestión específica que requiera una réplica precisa, no se requiere significador. Desarrolle la Cruz Céltica como en el Diagrama 1, omitiendo ese naipe.

En este caso, las diez cartas de la Cruz Céltica pueden poner de relieve ciertos aspectos de la vida, como el trabajo (bastos), la economía (oros), las relaciones (copas) o las dificultades (espadas). Al lector corresponderá interpretar el área de influencia y la dirección tal como las describen naipes y palos.

El empleo de un significador contribuye a centrar la pregunta en un tema específico.

El ejemplo de despliegue del Diagrama 1 revela cómo se desarrolla la historia cuando usted dispone las cartas.

El Significador: La Justicia (al derecho)
La cuestión se refiere a una materia legal.

Uno (Carta de Soporte): Seis de Oros (al derecho)
Ésta es la carta básica o fundamental. La razón de la pregunta formulada atañe a un premio, una donación o a la distribución de dinero.

Dos (Carta oponente): Cuatro de Oros (invertida)
La carta de oposición muestra que quien indaga sufrirá demoras e incertidumbres que se cruzarán en su camino.

Tres (El pasado remoto): La Torre (invertida)
Denota la influencia de un accidente, de preocupaciones o adversidades de antaño, referidos a esta cuestión legal. Eso tuvo lugar al menos hace un año.

Cuatro (El pasado inmediato): Ocho de Espadas (al derecho)
El pasado inmediato (tres meses) indica que quien pregunta todavía se halla limitado y que sufre la presencia de obstáculos en relación con la materia.

Cinco (Pendiente o Naipe Superior): Cinco de Bastos (al derecho)
Muestra las influencias, trastornos o disputas que gravitan sobre quien pregunta. Estos acontecimientos empiezan a tener lugar.

Seis (Naipe del futuro): La Templanza (al derecho)
Indica que quien indaga necesita ejercer la tolerancia y el dominio de sí mismo. Muestra también que será compensado de sus pérdidas.

Siete (Actitud o circunstancia): Rey de Bastos (al derecho)
Descripción de quien pregunta.

Ocho (Ambiente): Cinco de Oros (al derecho)
Pone de relieve la pobreza y el desamparo relativos que ese indagador sufre en el momento presente.

Nueve (Deseos o cautela): As de Espadas (invertida)
En este caso, quien pregunta teme perder en el juicio que se sigue.

Diez (Resultado): As de Oros (al derecho)
Señala el éxito, la prosperidad y la fortuna concernientes a la materia que atañe a un palo (finanzas, riqueza, ingresos) en relación con la cuestión legal.

Cabe advertir que en este despliegue quien pregunta se halla en una situación procesal de la que espera obtener una compensación. Puede apreciar que semejante trance le preocupa e inquieta mucho.

Hay un caos económico en su entorno y pugnas que todavía sobrevendrán (naipe superior). El naipe 9 de deseos o cautela revela que esa persona teme que la situación redunde en perjuicio suyo. Pero se trata sólo de miedo y no de una situación real. El despliegue indica más demoras y una decidida necesidad de que ese individuo sea tolerante y ejerza el control de sus emociones hasta llegar al resultado feliz. El As de Oros señala un resultado económico muy afortunado y positivo.

La lectura de una Cruz Céltica exige un profundo conocimiento de las cartas. Usted necesitará tiempo para captar la sensación o «aura» de quien pregunta. Proceda con cuidado en la lectura y cuando haya revelado plenamente la significación de una secuencia podrá pasar al siguiente naipe o secuencia. No se apresure.

Lectura de seis meses

En esta lectura cada lote de dos cartas representa los principales acontecimientos de los seis meses siguientes. Elija un significador, extráigalo de la baraja y entregue los demás naipes a quien pregunta para que los mezcle boca abajo. Baraje y córtelos en dos montones boca abajo. Tome el montón mayor en su mano y disponga sucesivamente los naipes como indica el Diagrama 2. Coloque el significador (en este caso, la Reina de Bastos) en la posición central. Luego distribuya los naipes en grupos de dos a partir del punto superior (las doce) y en el sentido de las agujas del reloj hasta tener seis grupos de dos cartas en torno del significador. La lectura de los naipes de izquierda a derecha comienza en el orden en que dispuso las cartas como muestra el Diagrama 2. El significador es el centro de esa lectura. Para determinar qué naipes están derechos y cuáles invertidos conciba el significador como girando en círculo para enfrentarse con cada par de cartas.

Diagrama 2. Lectura de seis meses.

Lectura de un ejemplo

El Significador: Reina de Bastos (al derecho).

Par superior
Nueve de Copas (al derecho)
Rey de Copas (al derecho) } Satisfacción con amante/cónyuge.

Par número 2
La Emperatriz (al derecho)
Cuatro de Espadas (al derecho) } Cae enferma la madre.

Par número 3
Seis de Bastos (invertida) }
Dos de Bastos (al derecho) } Problemas con objetivos.

Par número 4
Sota de Bastos (al derecho) }
Ocho de Oros (al derecho) } Joven resuelto a encontrar empleo.

Par número 5
La Muerte (al derecho) }
El Emperador (invertida) } Final de la indecisión.

Par número 6
El Sol (al derecho) }
Dos de Oros (al derecho) } Noticias felices, por carta o por teléfono.

Despliegue del Arco Iris

Escoja un significador (verbigracia, la Reina de Oros) para representar a la persona que pregunta en relación con el tema). Después de mezclar y barajar los naipes y cortar en dos montones, disponga los naipes boca arriba en grupos de tres y en la figura de un arco iris en torno del significador, como aparece en el Diagrama 3. Lea las cartas en el orden en que las ha colocado. Esta lectura es válida para un período de tres meses.

Lectura de un ejemplo

Posición central (El Significador) Reina de Oros (derecha).

Primero por la izquierda
Caballo de Copas (al derecho) }
As de Bastos (al derecho) } Se acerca un nuevo amor.
Los Enamorados (al derecho) }

Segundo
Seis de Espadas (al derecho) }
Dos de Copas (al derecho) } Viaje al extranjero para visitar
Seis de Copas (al derecho) } a una amistad del pasado.

Tercero
Diez de Oros (al derecho)
Juicio (al derecho)   } Trastornos familiares que crean tristeza.
Nueve de Espadas (al derecho)

Para obtener un resultado más positivo, cuando realice una lectura para un lapso específico de tiempo, por ejemplo de doce o seis meses, cabe repetir el despliegue y leerlo tantas veces como quiera de la misma manera. Así, conseguirá conocer los acontecimientos más significativos de un periodo más largo de tiempo. En consecuencia, cuando realice una lectura cronológica, y tras los primeros tres meses, recoja los naipes y échelos de nuevo para el siguiente periodo. Si desea continuar, proceda por tercera vez.

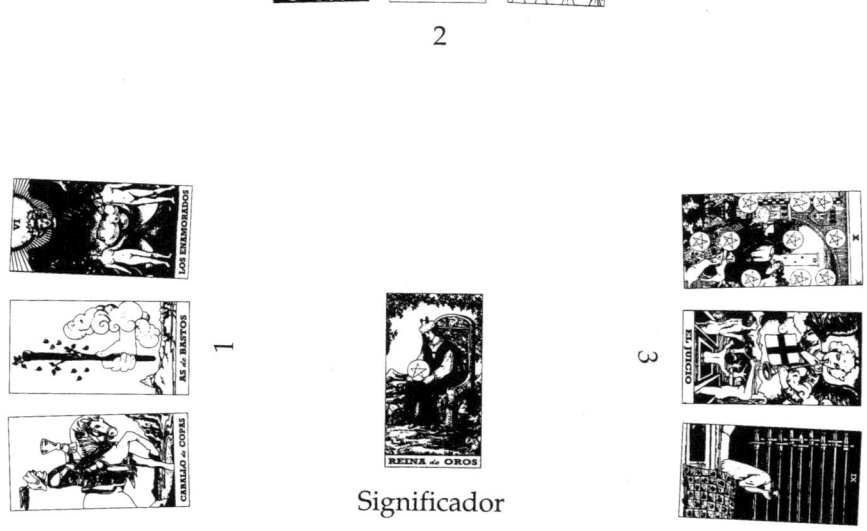

Diagrama 3. Despliegue del Arco Iris.

LECTURA DE LAS CARTAS 363

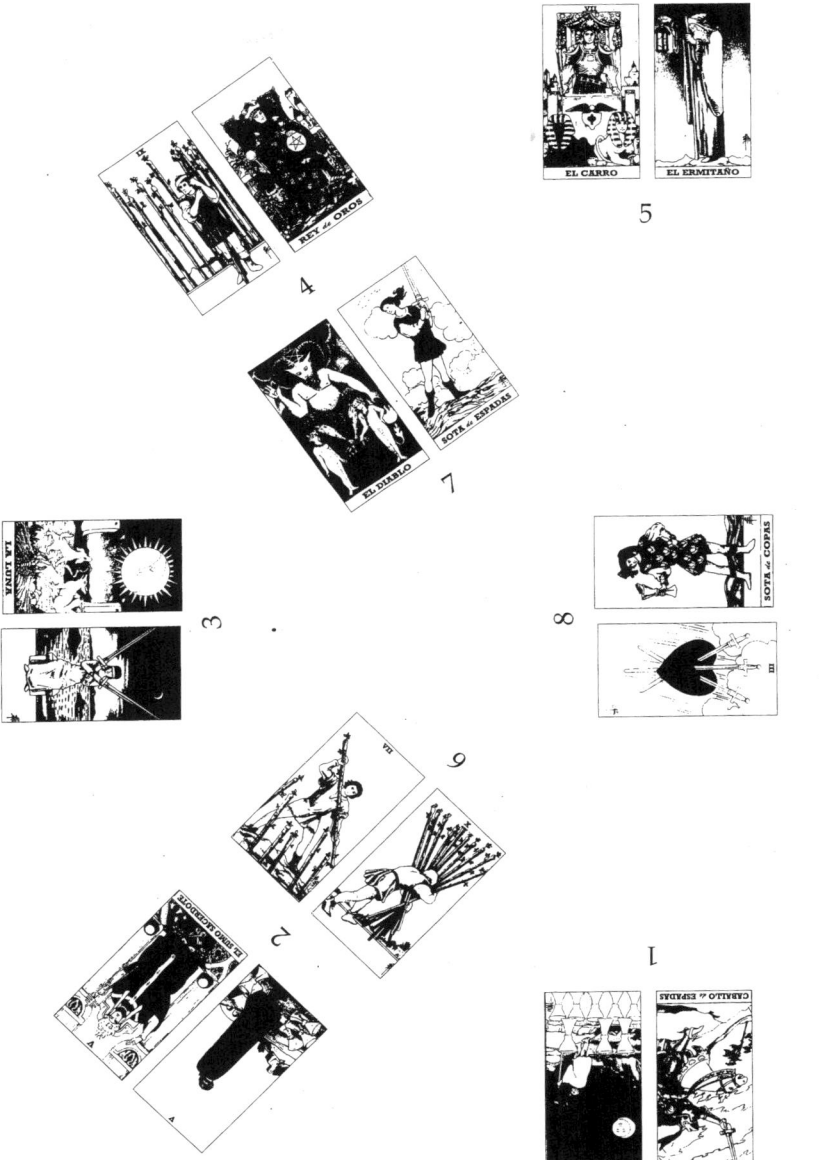

Diagrama 4. Despliegue Abierto

Despliegue abierto

Como antes se dijo, mezcle, baraje y divida las cartas en dos montones. Tome en la mano el mayor y disponga sucesivamente las cartas según indica el Diagrama 4. Este despliegue no tiene significador y puede ser empleado para una indagación general, sin atención especial a ninguna área concreta. Carece de un periodo específico de tiempo relacionado con la lectura.

Lectura de un ejemplo

Combinación número 1
Caballo de Espadas (al derecho) } Parte inesperadamente un
Ocho de Copas (al derecho) } hombre joven (de su descripción).

Combinación número 2
Cinco de Copas (al derecho)
El Sumo Sacerdote (al derecho) } Rechazo de matrimonio/unión.

Combinación número 3
Dos de Espadas (invertida) } Las incertidumbres crean
La Luna (invertida) } inestabilidad.

Combinación número 4
Nueve de Bastos (al derecho) } Cautela respecto de un
Rey de Oros (al derecho) } hombre de esta descripción.

Combinación número 5
El Carro (al derecho)
El Ermitaño (al derecho) } Viaje solitario.

Combinación número 6
Diez de Bastos (invertida) } Alivio de los obstáculos y
Siete de Bastos (invertida) } dificultades del trabajo.

Combinación número 7
El Diablo (al derecho) } Irritación con una chica o
Sota de Espadas (al derecho) } un chico que se muestra difícil.

Combinación número 8
Tres de Espadas (invertida)
Sota de Espadas (al derecho) } Tristes noticias.

Éste es simplemente un ejemplo del Despliegue Abierto. La interpretación procede de la combinación de cada uno de los dos pares. Su intuición le permitirá seleccionar el significado más apropiado de las combinaciones de naipes con el fin de precisar la historia tal como le es revelada. Ha de recordar siempre lo que supone cada secuencia de cartas para entender la significación subyacente de los acontecimientos.

366 COMBINACIONES CON EL TAROT

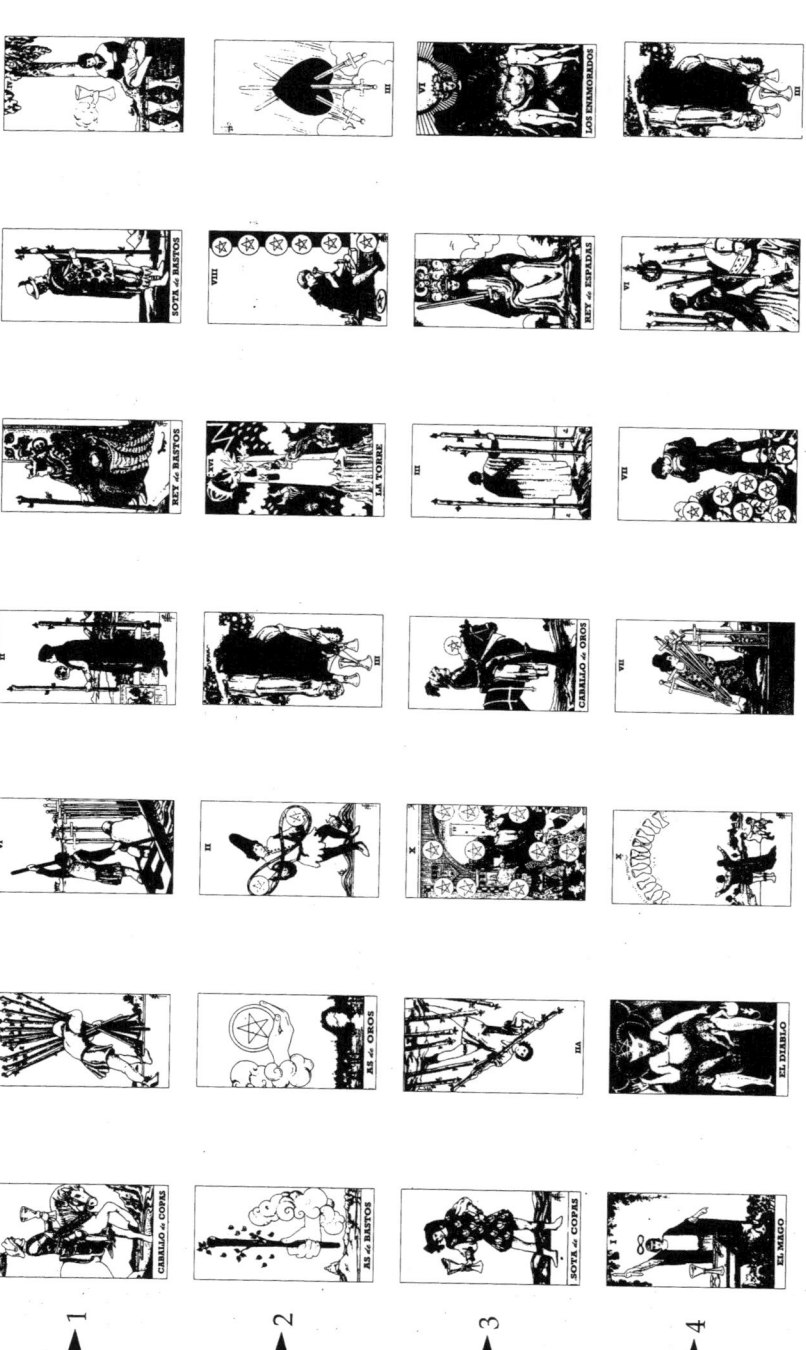

Diagrama 5. *Despliegue de Veintiuno.*

Despliegue de Veintiuno

Mezcle, baraje y divida las cartas y dispóngalas conforme indica el Diagrama 5. Coloque los naipes de izquierda a derecha, uno bajo el otro cuatro veces, y en fila siete veces, hasta obtener un total de veintiuno. Léalos en el mismo orden en que los disponga.

En la ilustración de este despliegue no aparece significador. Puede emplearla para una lectura general respecto de los doce meses siguientes. Si lo desea, utilice un significador. Colóquelo encima o en el centro del despliegue con el fin de señalar que tal despliegue está relacionado con una persona o materia determinada. Todos los acontecimientos e individuos que aparezcan se hallarán vinculados con el significador en cuestión y no con otros sectores, hechos o personas ajenos. Este despliegue será leído cuando desee saber lo que va a suceder en los próximos doce meses.

Lectura de un ejemplo

Uno hacia abajo
Caballo de Copas (al derecho)
As de Bastos (al derecho)
Sota de Copas (al derecho)
El Mago (al derecho)

} Nacimiento de un niño varón.

Dos hacia abajo
Diez de Bastos (al derecho)
As de Oros (al derecho)
Siete de Bastos (invertida)
El Diablo (al derecho)

} Dificultades económicas que pueden ser motivo de irritación.

Tres hacia abajo
Seis de Espadas (al derecho)
Dos de Oros (al derecho)
Diez de Oros (al derecho)
Diez de Copas (al derecho)

} Causa felicidad una comunicación a larga distancia (extranjero) con la familia.

Cuatro hacia abajo
Dos de Bastos (al derecho)
Tres de Copas (invertida)
Caballo de Oros (al derecho)
Siete de Espadas (al derecho)

} Fallan los propósitos de un joven de ir a una fiesta.

Cinco hacia abajo
Rey de Bastos (al derecho)
La Torre (al derecho)
Tres de Bastos (al derecho)
Siete de Oros (al derecho)
} Hombre angustiado por la caída de la actividad empresarial.

Seis hacia abajo
Sota de Bastos (al derecho)
Ocho de Oros (al derecho)
Rey de Espadas (al derecho)
Seis de Bastos (al derecho)
} Será provechoso el aprendizaje de una muchacha o de un muchacho en una entidad oficial.

Siete hacia abajo
Cuatro de Copas (al derecho)
Tres de Espadas (invertida)
Los Enamorados (al derecho)
Rey de Copas (invertida)
} Fatiga y confusión en relación con un amante infiel.

Esta explicación da por supuesto que usted se halla familiarizado con los significados de cada naipe. Por eso, aquí sólo se presenta el resumen de una interpretación seleccionada de cada secuencia.

Para adquirir práctica, es posible que quiera disponer las cartas en la misma secuencia, estudiar cada combinación y luego anotar las palabras claves. Tras haber completado esta práctica, compruébela con el ejemplo aquí proporcionado y compare los resultados. Recuerde que es usted, el lector, quien ha de sentir lo que las cartas le señalan como más relevante en la historia.

Despliegue del Reloj Anual

Escoja un significador (opcional). Mezcle, baraje y corte los naipes del tarot de manera que un montón sea bastante mayor que el otro.

Haga como si operase frente a un reloj. Tome el montón más grande y, en el sentido de las agujas, empiece a colocar las cartas a partir de la posición de las doce. Distribuya cuatro naipes en cada número de la esfera de modo que tenga cuatro en las doce, cuatro en la una, etc., hasta un total de cuarenta y ocho cartas más el significador (opcional). El despliegue constará, pues, de cuarenta y nueve naipes.

A partir de la posición de las doce por donde empezó, tome la combinación de las cuatro cartas y colóquelas ante usted boca arriba, disponiéndose a la lectura. Lea la primera combinación de cuatro naipes. Ésta le mostrará lo que ha de suceder en el mes siguiente. Imagine, por ejemplo, que está leyendo en agosto; las primeras cuatro cartas corresponderán a acontecimientos de septiembre. La siguiente combinación aludirá a los de octubre, luego noviembre, etc., hasta que llegue a agosto, el último mes del año completo que tiene por delante.

Diagrama 6. Despliegue del Reloj Anual.

Una vez que haya leído cada combinación de cuatro cartas, vuelva a colocarlas en su posición original del reloj, esta vez boca arriba. Así podrá seguir el hilo de la lectura sin perder un mes. Cuando termine con los doce cuartetos, habrá abarcado los acontecimientos más significativos que probablemente sobrevendrán en el próximo año a la persona para quien lee las cartas.

Estímulo para los nuevos lectores

Se ha dicho que el destino de cada uno está predeterminado. La mayoría de las personas querrían saber lo que les aguarda o la significación de acontecimientos pasados. La combinación del «aura» del que pregunta y de la «intuición receptiva» del lector determina el modo en que se revela el relato. Debe estudiar las cartas del Tarot, desarrollar la sensación de *sus* naipes, concederse un tiempo para la meditación en el lugar que haya elegido, escuchar con atención lo que se le pregunte y leer las cartas con objetividad.

El proceso de aprendizaje del Tarot es permanente. A medida que desarrolle sus lecturas y saber, comprenderá que la percepción de los acontecimientos que le son revelados por las cartas del Tarot se torna cada vez más clara y que sus respuestas a las preguntas se hacen más objetivas.

Índice alfabético

A

Arcanos Mayores, 22, 35-99
Arcanos Menores, 22, 23, 101-293
As de Bastos,106
As de Bastos al derecho, 107, 116, 117, 118, 119, 120, 121, 154, 155, 301, 315, 319, 324, 333, 336, 341
As de Bastos invertida, 107, 116, 117, 118, 119, 120, 121, 154, 155, 302, 311, 320, 327, 329, 330, 338, 345, 347
As de Copas, 160
As de Copas al derecho, 161, 170, 171, 291, 304, 314, 317, 322, 332, 336, 340
As de Copas invertida, 161, 170, 171, 305, 311, 323, 330, 343, 347, 348
As de Espadas, 206
As de Espadas al derecho, 207, 216, 217, 218, 321, 337, 339
As de Espadas invertida, 207, 216, 217, 306, 324, 330, 341, 347
As de Oros, 252
As de Oros al derecho, 258, 264, 265, 272, 273, 301, 306, 319, 321, 324, 335, 336, 339, 341
As de Oros invertida, 253, 264, 265, 272, 273, 292, 293, 305, 311, 313, 323, 325, 326, 327, 330, 344, 345, 347, 348, 349

C

Caballo de Bastos, 102
Caballo de Bastos al derecho, 103, 116, 117, 126, 127, 132, 133, 320, 333, 338, 342
Caballo de Bastos invertida, 103, 116, 117, 126, 127, 132, 133
Caballo de Copas, 156
Caballo de Copas al derecho, 157, 178, 179, 333
Caballo de Copas invertida, 157, 178, 179, 320, 327, 338, 345
Caballo de Espadas, 202
Caballo de Espadas al derecho, 203, 222, 223, 228, 229, 301, 319
Caballo de Espadas invertida, 203, 222, 223, 229, 313, 349
Caballo de Oros, 248, 297, 316, 317, 334, 336, 339
Caballo de Oros al derecho, 249, 262, 263, 284, 285, 288, 289
Caballo de Oros invertida, 249, 262, 263, 285, 288, 289
Carro, 42
Carro al derecho, 43, 299, 317, 319, 336, 343
Carro invertida, 43
Cartas del Tarot, 23
   Mitos, 23
   Aprendizaje, 24, 26
   Lectura, 27, 28, 30-34
Cartas invertidas, 29
Cinco de Bastos, 110
Cinco de Bastos al derecho, 111, 120, 121, 138, 139, 142, 143, 300, 314, 318, 322, 332, 337, 340
Cinco de Bastos invertida, 111, 120, 121, 138, 139, 142, 143, 309, 313, 324, 328, 330, 341, 342, 347, 349
Cinco de Copas, 164
Cinco de Copas al derecho, 165, 178, 179, 182, 183, 200, 201, 298, 335

Cinco de Copas invertida, 165, 178, 179, 182, 183, 200, 201, 307, 312, 321, 331, 339, 341, 346, 347, 348
Cinco de Espadas, 210
Cinco de Espadas al derecho, 211, 224, 225, 296, 314, 332, 335, 338
Cinco de Espadas invertida, 211, 224, 225, 305, 310, 323, 329
Cinco de Oros, 256
Cinco de Oros al derecho, 257, 272, 273, 274, 282, 283
Cinco de Oros invertida, 257, 272, 273, 282, 283, 306, 308, 310, 324, 326, 327, 329, 341, 344, 345
Colgado, 46
Colgado al derecho, 47, 76, 77
Colgado invertida, 47, 76, 77, 311, 313, 325, 330, 343, 347, 349
Combinaciones aleatorias, 295-349
Cuatro de Bastos, 108
Cuatro de Bastos al derecho, 109, 118, 119, 128, 129, 150, 151, 298, 303, 314, 321, 322, 332, 335, 339, 340
Cuatro de Bastos invertida, 109, 118, 119, 128, 129, 150, 151, 304, 312, 322, 327, 331, 340, 345, 348
Cuatro de Copas, 162
Cuatro de Copas al derecho, 163, 172, 173, 184, 185, 323, 337, 338
Cuatro de Copas invertida, 163, 172, 173, 184, 185, 306, 309, 324, 327, 328, 329, 339, 341, 344, 345, 346
Cuatro de Espadas, 208
Cuatro de Espadas al derecho, 209, 238, 239, 298, 335
Cuatro de Espadas invertida, 209, 238, 239, 331, 348
Cuatro de Oros, 254
Cuatro de Oros al derecho, 255, 276, 277, 288, 289
Cuatro de Oros invertida, 255, 276, 277, 288, 289, 302, 320, 338, 343, 349

D

Despliegues:
　Cruz Céltica, 353-359
　Abierto, 364-365
　Arco Iris, 361-362
　Lectura de seis meses, 359-361
　Veintiuno, 366-368
　Reloj Anual, 368
Diablo, 50
Diablo al derecho, 51, 62, 63, 70, 71, 86, 87, 92, 93, 314, 323, 332, 334, 335, 341
Diablo invertida, 51, 62, 63, 70, 71, 86, 87, 92, 93, 304, 322, 327, 340, 345, 347
Diez de Bastos, 114
Diez de Bastos al derecho, 115, 126, 127, 136, 137, 297, 316, 334
Diez de Bastos invertida, 115, 126, 127, 136, 137, 308, 326, 331, 344, 348
Diez de Copas, 168
Diez de Copas al derecho, 169, 170, 171, 174, 175, 301, 316, 334, 335
Diez de Copas invertida, 169, 170, 171, 174, 175, 308, 325, 326, 331, 343, 344, 345, 348
Diez de Espadas, 214
Diez de Espadas al derecho, 215, 224, 225, 240, 241
Diez de Espadas invertida, 215, 224, 225, 240, 241, 308, 326, 342, 344
Diez de Oros, 260
Diez de Oros al derecho, 261, 275, 282, 283, 292, 293, 298, 323, 335, 343
Diez de Oros invertida, 261, 274, 275, 282, 283, 292, 293, 303, 321, 331, 339, 346, 348
Dos de Bastos, 106
Dos de Bastos al derecho, 107, 132, 133, 140, 141, 144, 145, 148, 149, 152, 153, 299, 315, 317, 333, 336, 341
Dos de Bastos invertida, 107, 132, 133, 140, 141, 144, 145, 148, 149, 152, 153, 305, 322, 323, 326, 327, 338, 340, 344, 345
Dos de Copas, 160
Dos de Copas al derecho, 161, 174, 175, 182, 183, 184, 185, 186, 187, 190, 191, 192, 193, 297, 315, 316, 319, 333, 334, 342
Dos de Copas invertida, 161, 174, 175, 182, 183, 184, 185, 186, 187, 190, 191, 192, 193, 302, 313, 320, 326, 338, 344, 349
Dos de Espadas, 206

ÍNDICE ALFABÉTICO

Dos de Espadas al derecho, 207, 220, 221, 226, 227, 332, 335
Dos de Espadas invertida, 207, 220, 221, 226, 227, 310, 325, 327, 329, 339, 343, 345
Dos de Oros, 252
Dos de Oros al derecho, 253, 274, 275, 290, 291
Dos de Oros invertida, 253, 274, 275, 290, 291, 330, 347

E

Emperador, 38
Emperador al derecho, 39, 66, 67, 319
Emperador invertida, 39, 66, 67, 302, 320, 338, 348
Emperatriz, 38
Emperatriz al derecho, 39, 74, 75
Emperatriz invertida, 39, 74, 75
Enamorados, 40
Enamorados al derecho, 41, 64, 70, 71, 72, 73, 94, 95, 98, 99, 296, 301, 302, 314, 315, 319, 320, 321, 332, 333, 334, 338, 339
Enamorados invertida, 41, 64, 65, 70, 71, 72, 73, 94, 95, 98, 99, 309, 326, 328, 342, 344, 346
Ermitaño, 44
Ermitaño al derecho, 45, 76, 77, 335, 338
Ermitaño invertida, 45, 76, 77, 312, 331, 348
Estrella, 52
Estrella al derecho, 53, 80, 81, 334, 340
Estrella invertida, 53, 80, 81, 305, 323, 325, 343, 349

F

Figuras, 22
Fuerza, 42
Fuerza al derecho, 43, 82, 83, 86, 87
Fuerza invertida, 43, 82, 83, 86, 87, 349

I

Introducción, 17-33

J

Juicio, 54
Juicio al derecho, 55, 80, 81, 90, 91, 92, 93, 298, 335
Juicio invertida, 55, 80, 81, 90, 91, 92, 93
Justicia, 46
Justicia al derecho, 47, 60, 62, 67, 88, 89, 300, 318, 337, 342
Justicia invertida, 47, 60, 61, 62, 63, 88, 89, 313, 330, 347, 349

L

Lectura de las cartas, 351-369
   Ambiente, 20
Lectura del tiempo, 32
Loco, 22
Loco al derecho, 56, 57, 60, 61, 96, 97
Loco invertida, 57, 60, 61, 96, 97, 342, 346
Luna, 52
Luna al derecho, 57, 78, 79, 94, 95, 316, 334
Luna invertida, 53, 78, 79, 94, 95, 329, 340, 346

M

Mago, 36
Mago al derecho, 37, 58, 59, 66
Mago invertida, 37, 58, 59, 66, 67, 328, 346
Muerte, 48
Muerte al derecho, 49, 68, 69, 88, 89, 297, 307, 316, 325, 334, 343
Muerte invertida, 49, 68, 69, 88, 89, 306, 324, 341
Mundo, 56
Mundo al derecho, 57, 82, 83, 315, 333
Mundo invertida, 57, 82, 83

N

Nueve de Bastos, 114
Nueve de Bastos al derecho, 115, 122, 123, 134, 135, 320, 338

Nueve de Bastos invertida, 115, 122, 123, 134, 135, 346
Nueve de Copas, 168
Nueve de Copas al derecho, 169, 180, 181, 196, 197, 315, 333, 337, 340
Nueve de Copas invertida, 169, 180, 181, 196, 197, 310, 329, 342, 343
Nueve de Espadas, 214
Nueve de Espadas al derecho, 215, 218, 219, 230, 231, 315, 332, 333, 338
Nueve de Espadas invertida, 215, 218, 219, 230, 231, 303, 312, 321, 323, 330, 331, 339, 347, 348, 349
Nueve de Oros, 260
Nueve de Oros al derecho, 261, 276, 277, 286, 287, 333, 335
Nueve de Oros invertida, 261, 276, 277, 286, 287, 307, 312, 325, 331, 343, 348

O

Ocho de Bastos, 112
Ocho de Bastos al derecho, 113, 136, 137, 146, 147
Ocho de Bastos invertida, 113, 136, 137, 146, 147, 307, 325, 343
Ocho de Copas, 166
Ocho de Copas al derecho, 167, 188, 189, 192, 193
Ocho de Copas invertida, 167, 188, 189, 193, 307, 325, 343, 345
Ocho de Espadas, 212
Ocho de Espadas al derecho, 213, 238, 239, 242, 243, 297, 316, 339
Ocho de Espadas invertida, 213, 238, 239, 242, 243
Ocho de Oros, 258
Ocho de Oros al derecho, 259, 262, 263, 266, 267, 280, 315, 322, 333, 336, 340, 341
Ocho de Oros invertida, 259, 262, 263, 266, 267, 280, 281, 317, 342

R

Reina de Bastos, 102
Reina de Bastos al derecho, 103, 122, 123, 128, 129, 342

Reina de Bastos invertida, 103, 122, 123, 128, 129, 328, 346
Reina de Copas, 156
Reina de Copas al derecho, 157, 172, 173, 196, 197
Reina de Copas invertida, 157, 172, 173, 196, 197, 328, 346
Reina de Espadas, 202
Reina de Espadas al derecho, 203, 232, 233, 244, 245, 246, 247, 305, 321, 323, 335, 339
Reina de Espadas invertida, 203, 232, 233, 244, 245, 246, 247
Reina de Oros, 248
Reina de Oros al derecho, 249, 268, 269, 278, 279, 290, 291, 315, 333, 337
Reina de Oros invertida, 249, 268, 269, 278, 279, 290, 291, 349
Rey de Bastos, 102
Rey de Bastos al derecho, 103, 116, 117, 126, 127, 132, 133, 320, 337, 338, 342
Rey de Bastos invertida, 108, 116, 117, 126, 127, 132, 133
Rey de Copas, 156
Rey de Copas al derecho, 157, 178, 179, 333
Rey de Copas invertida, 157, 178, 179, 320, 327, 338, 345
Rey de Espadas, 202
Rey de Espadas al derecho, 203, 222, 223, 228, 229, 301, 319
Rey de Espadas invertida, 203, 222, 223, 229, 313, 349
Rey de Oros, 248, 297, 316, 317, 334, 336, 339
Rey de Oros al derecho, 249, 262, 268, 284, 285, 288, 289
Rey de Oros invertida, 249, 262, 263, 285, 288, 289
Rueda de la Fortuna, 44
Rueda de la Fortuna al derecho, 45, 84, 85, 333
Rueda de la Fortuna invertida, 45, 84, 85, 310, 329, 349

S

Sacerdotisa, 36
Sacerdotisa al derecho, 37, 84, 85

ÍNDICE ALFABÉTICO

Sacerdotisa invertida, 37, 84, 85, 307, 325, 342, 343
Seis de Bastos, 110
Seis de Bastos al derecho, 111, 144, 145, 150, 151, 154, 155, 296, 314, 317, 332, 346, 347
Seis de Bastos invertida, 111, 144, 145, 150, 151, 154, 155, 310, 329, 342, 346
Seis de Copas, 164
Seis de Copas al derecho, 165, 180, 181, 188, 189, 194, 195, 297, 316, 322, 334, 340
Seis de Copas invertida, 165, 180, 181, 188, 189, 194, 195
Seis de Espadas, 210
Seis de Espadas al derecho, 211, 226, 227, 236, 237
Seis de Espadas invertida, 211, 226, 227, 236, 237, 328, 346, 347
Seis de Oros, 256
Seis de Oros al derecho, 257, 274, 300, 318, 337, 342
Seis de Oros invertida, 257, 329
Siete de Bastos, 112
Siete de Bastos al derecho, 113, 130, 131, 134, 135, 138, 139, 317, 336
Siete de Bastos invertida, 113, 130, 131, 134, 135, 138, 139, 303, 312, 321, 324, 331, 339, 340, 341, 345, 348, 349
Siete de Copas, 166
Siete de Copas al derecho, 167, 186, 187, 194, 195, 300, 318, 337
Siete de Copas invertida, 167, 186, 187, 194, 195
Siete de Espadas, 212
Siete de Espadas al derecho, 213, 222, 223, 234, 235, 236, 237, 246, 247, 315, 318, 333, 334, 337
Siete de Espadas invertida, 213, 222, 223, 234, 235, 236, 237, 246, 247, 304, 309, 322, 328, 340, 345, 346
Siete de Oros, 258
Siete de Oros al derecho, 259, 264, 265, 268, 269, 270, 271, 286, 287, 296, 299, 314, 317, 324, 332, 333, 336, 341
Siete de Oros invertida, 259, 264, 265, 268, 269, 270, 271, 286, 287, 344
Sol, 54

Sol al derecho, 55, 64, 65, 68, 74, 75, 96, 97, 300, 314, 318, 332, 337, 339, 340
Sol invertida, 55, 64, 65, 68, 69, 74, 75, 96, 97, 303, 321, 331, 348
Sota de Bastos, 104
Sota de Bastos al derecho, 105, 130, 131, 140, 141
Sota de Bastos invertida, 105, 130, 131, 140, 141, 342
Sota de Copas, 158
Sota de Copas al derecho, 159, 198, 199
Sota de Copas invertida, 159, 198, 199
Sota de Espadas, 204
Sota de Espadas al derecho, 205, 220, 221, 228, 229, 242, 243, 244, 245, 299, 317, 336
Sota de Espadas invertida, 205, 220, 221, 228, 229, 242, 243, 244, 245, 329, 349
Sota de Oros, 250
Sota de Oros al derecho, 251, 266, 267, 284, 285, 324, 341
Sota de Oros invertida, 251, 266, 267, 284, 285, 330, 341
Sumo Sacerdote, 20
Sumo Sacerdote al derecho, 41, 58, 59, 98, 99, 296, 314, 332
Sumo Sacerdote invertida, 41, 58, 59, 98, 99, 327, 342, 344, 345

T

Templanza, 48
Templanza al derecho, 49, 78, 79, 318, 321, 337, 339
Templanza invertida, 49, 78, 79, 308, 326, 344, 347
Torre, 50
Torre al derecho, 51, 72, 73, 90, 316, 334
Torre invertida, 51, 72, 73, 90, 91, 308, 326, 342, 344, 347
Tres de Bastos, 108
Tres de Bastos al derecho, 109, 124, 125, 142, 143, 148, 149, 317, 332, 336, 343
Tres de Bastos invertida, 109, 124, 125, 142, 143, 148, 149, 306, 324, 341, 349
Tres de Copas, 162

Tres de Copas al derecho, 163, 176, 177, 198, 199, 200, 201, 296, 314, 319, 332
Tres de Copas invertida, 163, 176, 177, 198, 199, 200, 201, 304, 309, 322, 325, 328, 340, 343, 346
Tres de Espadas, 188
Tres de Espadas al derecho, 209, 216, 217, 230, 231, 232, 233, 300, 316, 318, 334, 335, 337
Tres de Espadas invertida, 209, 216, 217, 230, 231, 232, 233, 302, 307, 320, 323, 326, 327, 338, 344, 345
Tres de Oros, 254
Tres de Oros al derecho, 255, 278, 279, 299, 304, 317, 336
Tres de Oros invertida, 255, 278, 279, 322, 328, 340, 346

Dorothy Kelly lleva décadas dedicada al estudio y trabajo del tarot, desde que descubriera lo desconocido por los estudiantes de las diferentes combinaciones de las cartas y su significado. Como consecuencia de esta circunstancia escribió esta obra, un auténtico éxito de ventas durante más de quince años en Editorial Edaf.

Húngara de nacimiento, reside en Australia, dedicada a la enseñanza del tarot y la lectura de las cartas y ayuda a los demás a desarrollar su conocimiento sobre la disciplina.

Producto de su mente inquieta, lleva muchos años estudiando la metapsíquica, la quiromancia, el tarot y el «conocimiento del futuro».